Innovation Club Book

Positive Listening

聴く力

イノベーションクラブ
著

ダイヤモンド社

はじめに

「3000社が採用する研修」が本になった

弊社トーマツイノベーションは、「3000社以上」の企業、「22万人以上のビジネスパーソン」とおつきあいをさせていただいております。

そこで感じるのは、「100年に一度!」といわれるこの不況下でも、着実に前進を続けている企業が数多くあるということです。

それらの企業に共通していることは……

「人財（社員）で差別化を図る」

という考え方をしていることです。

やはり「企業は人なり」とは、ほんとうに真実なのですね。

しかし、「いまの現状では、社員の育成にコストも時間もかけられない……」。そんな声を多くの社長からいただくことも事実です。

そこで、弊社では「費用を低く抑えて全社員を育成できる仕組み」ができればと考え、「イノベーションクラブ（http://www.ti.tohmatsu.co.jp/club/）」という会員制研修サービスを開発しました。

「イノベーションクラブ」は、3000社が採用、22万人以上のビジネスパーソンに対して、「スキルアップ研修」を提供している実績があります。

本書「イノベーションクラブＢｏｏｋ」シリーズの第4弾、『聴く力』は、イノベーションクラブでも、常に満員の人気を誇る「5つのコアスキル研修」である

【1】「考える力（ロジカル・シンキング）研修」
【2】「話す力（アクティブ・トーキング）研修」
【3】「書く力（ビジネス・ライティング）研修」
【4】「聴く力（ポジティブ・リスニング）研修」
【5】「時間力（タイム・マネジメント）研修」

の、【4】「聴く力（ポジティブ・リスニング）研修」を、そのまま書籍化したものです。

そのほかの、

●イノベーションクラブＢｏｏｋ【１】『考える力』
●イノベーションクラブＢｏｏｋ【２】『話す力』
●イノベーションクラブＢｏｏｋ【３】『書く力』
●イノベーションクラブＢｏｏｋ【５】『時間力』

の「イノベーションクラブＢｏｏｋ」シリーズについても、本が5冊同時に発行されております。

全部お読みいただくことで、デキる人が必ずもっている「5つの基礎力」をかんたんに身につけることができます。

◆「なるほど良書」では、人生は変わらない

さて、みなさんお久しぶりです。トーマツイノベーションの白潟敏朗（しらがたとしろう）です。

みなさんはここ最近、「書店」へ出かけましたか？

書店へいくと、立ち寄るコーナーはビジネス本の書棚でしょうか。そこにはイマドキどんな本が並んでいますか？

『○○○○を考える力』・『○○○○な話し方が身につく本』・『○○○○を書く力』・『○○○○の聞く力』・『○○○○の時間力』などの、自己啓発の本が非常に多くみかけますよね。

私も書店へいってそんな書棚をみるたびに、ビジネスパーソンにとっての、

「基本スキルを身につけたい、強化したい」

とねがっている、あるいは悩んでいる方が多いんだなぁと痛切に感じます。

その手の本を読んだことがありますか？　けっこう、いいことが書いてあって、なるほど良書が多いんです。

しかし、いざ、そうした本を読んで「基本スキル」を身につけようと思ったときに、

「ほんとうに、実行にうつせるのか？」
「ほんとうに、継続して続けられるのか？」
「ほんとうに、成長できるのか？」

と疑問に思う部分ってありますよね。

とくに、**いままでに、本を読んでもあまり人生が変わらなかった方**とかは、そう感じられると思うのですよね。

実行にうつせて、続いて、成長できる本

私もコンサルタントという職業柄、セミナーや研修をするときの「参考資料」として、こうした「基本スキルの本」を、多いときには一度に40冊も50冊もまとめて買って、目を通したりします。

でも、ほとんどの本が、「なるほどなぁ、確かにおっしゃるとおり！」とは思うのですが、「ほんとうに、実行にうつせるのか？」「ほんとうに、継続して続けられるのか？」「ほんとうに、成長できるのか？」と、いつも疑問に思うんです。

「なるほど！」って思えるだけで終わる「なるほど良書」って、じゃぁ、実際にその「スキル」を身につけるために、どんなふうに行動すればいいの？　って思っちゃうんですよね。

そこでひらめきました！

そんな世の中にあふれる**「なるほど良書」の「つぎに読む本（＝実行にうつせて、続いて、成長できる本）」を書けば、多くの人の悩みにこたえられるんじゃないかと！**

◆基本スキルを【シンプルしかけ】で習得しよう！

そこで、日本のビジネスパーソンの方々のために、「かんたんに実行できる」ように何度も、何度も、実際に使用して、数々の企業で実績をあげてきた【シンプルしかけ】を紹介した『仕事の「5力」』（中経出版）という本を2008年に書きました。

この本は、「考える力」、「話す力」、「書く力」、「聴く力」、「時間力」の5つの基礎力が身につくという本で、おかげで**12万人以上の方に「最高だ！」との声をちょうだいいたしました。**

ご好評をいただきほんとうに感謝しています。ありがとうございます。

今回はその5つの「考える力」、「話す力」、「書く力」、「聴く力」、「時間力」を、それぞれ1冊ずつにし、シリーズで5冊、まとめてズドーンとお届けいたします。

5冊になったことで、1つの力について、さらに詳細に解説し、最新の【シンプルしかけ】をご紹介しております。

本書はその「イノベーションクラブＢｏｏｋ」シリーズの第4弾、『聴く力』になります。

この、われわれが【シンプルしかけ】と呼んでいるしかけの「特長」は、

【シンプルしかけの特長】

1「かんたん実行」……かんたんに実行できる
2「らくらく継続」……らく～に継続できる
3「みるみる成長」……気がついたらみるみる成長できる

といった、とんでもない「3つの条件」をすべてクリアした「シンプルなしかけ」なのです。

それも、すでに弊社のイノベーションクラブの「コアスキル研修」で使いまくっているものばかりですから、実際に22万人以上の受講生が延べ4年にわたって「最高だ！」と言ってくださったものだけを、厳選してご紹介いたします。

読んでいただいて、気に入った【シンプルしかけ】がありましたらうれしいです。
ぜひ実行してみてください！

２００９年10月

イノベーションクラブ主宰者
トーマツ イノベーション株式会社　代表取締役社長
白潟敏朗《しらがたとしろう》

CONTENTS

第3章

心で聴くハート・リスニング

第4章

体で聴くボディ・リスニング

第5章 リターン・リスニング

第6章 クエスチョン・リスニング

第1章

「聴く」とは

Positive Listening

「聴く」ことで人生の80％は成功する

◆「聴く」ことは「話す」よりむずかしい

では、いよいよ本書のスタートです。

最初に、みなさんに質問です。

「聴く」ことは得意ですか？　それとも苦手ですか？

「『聴く』のって得意じゃないんですよ。だからこの本で勉強しようと思っているんだけど」

やはり、**多くの方が「聴くことよりも話しているほうがラク」**だと思っているようです。聴きながら、つぎになにを話すかを考えたりすると、なかなか「聴く」ことに集中できません。

そんな「聴く」ことが苦手という方、本書を手にとっていただいて、ありがとうございます。ぜひごいっしょに学んでいきましょう！

「私は、けっこう『聴く』のって得意なんですよね」

そうですか、それはすばらしい！

では、本書は復習用として使われてみてはいかがでしょうか。必要なところだけ読んでいただいて、あとは飛ばし読みされてもかまいません。ご興味のあるところを読みすすめてください。

◆「聴く」ことで人生の80％は成功する

では、また質問です。

●【テーマ】…「聴く」ことの重要性

●【質問1】…「聴き上手」になると、どんなメリットがあると思いますか？

「聴く」ことが上手な人を「聴き上手」と呼びますよね。

では、そんな「聴き上手」になると、どんなメリットがあるでしょうか。

みなさんはどう思いますか？

「『聴き上手』が相手だと、こちらは話しやすくなるよね」

そうですね。
ちゃんと聴いてもらえると、こちらもつい長く話したりしちゃいますよね。

「相手が長く話してくれれば、その分、情報が手に入るよね」

たしかに、そういうこともありますね。

「それに、『聴く』ことが得意な人って、忍耐強くなれるんじゃないかな」

なるほど、そんなこともあるかもしれませんね。
だいぶメリットが出てきましたが、みなさんはデール・カーネギーという方をご存じですか？

「ああ、『人を動かす』っていうベストセラー本を書いた有名な人のこと？」

そうです。

コミュニケーションとか、マネジメントとか、そういう分野ではもうカーネギーさんを超える人は、ひょっとして出ないくらいのすごい人なんです。『人を動かす』（創元社刊）は、日本だけで４４０万部も売れたんですよ。残念ながら、すでに亡くなられましたが、そのくらいの大ベストセラー作家なんです。

その、すばらしいデール・カーネギーさんがこんな言葉を残しているんです。

「人の話を『聴く』ことにより人生の80％は成功する」

これ、いかがですか？

「へぇ〜、『人生』ですか、『仕事』ではないんですね」

そうなんですよ。

私も「仕事」じゃないのかなあと思ったんですが、「人生」って言っているんですよね。

それに、80％も成功するんですよ。8割成功だなんて、すごくないですか？

「たしかに、それはすごいね」

そうですよね。では、この言葉をもう少しかみくだいて解説していこうと思います。

「聴き上手」は人の心を癒す

先ほどの、デール・カーネギーさんの言葉から私どもは「3つの具体的なメリット」を引き出しました。

1つは、「『聴き上手』は相手の心を癒す」です。

「そうかもね。聴いてもらえると癒されるよね」

そうですよね。
たとえば、みなさんはご友人やご家族、会社の上司・先輩・後輩・同僚などまわりの方々に、1回に1時間以上ご自分の悩みや不平・不満、グチなどを聴いてもらったことはありますか?

「もちろん、あるよ」

そうですよね。この質問に、「ない」と答えられる方はおそらくいらっしゃらないと思います。そんなとき、どう感じましたか?

質問1の標準解答：『聴く』の3とく

人の話を聴くことにより、人生の80%は成功する（デール・カーネギー）

↓

1とく　聴き上手は相手の心を癒す

2とく　聴くと好かれる

3とく　聴き上手は成長が速い

「けっこうスッキリするんだよね」

そうでしょうね。

やはり、人は1時間以上も話すとスッキリするんですよね。

ですから、「相手の話をじーっと聴いてあげる」と相手はスッキリしますから、結果的に「心を癒している」、ということになるんじゃないでしょうか。

◆「聴き上手」は好感をもってもらえる

ここで、学生時代を振りかえっていただきます。

「その人のまわりには自然と人が集まる」という方、いらっしゃいませんでしたか？

とく①：聴き上手は相手の心を癒す

「そういえば、いたよね」

その方はどんな特徴があったか、思い出せますか？

「親分肌っぽい人だったかな」

そうですね、そういう方も人を惹きつけますね。あとは、ものすごく「おしゃべりが上手」で注目を集める人もいますよね。

しかし、なかには、あまりたくさん話さなかったり、目立たなかったりしても、「なぜかあの人に相談に行っちゃうんだよね」という方はいらっしゃらなかったですか？

「たしかに、いたよね」

そういう方はどんな特徴をもっていたでしょうか？

「よく、話を聴いてもらったような記憶があるね」

そうですよね。

じつは、ほんとのほんとの人気者は「聴き上手の方」なんですよ。

話を聴いてもらえると本人はスッキリしますから、心が癒されて、話を聴いてくれた相手に「好意」をもちますからね。

人間はだれでも、「聴く」よりも「話す」ほうが好きらしいんですよ。だから、**「じっと耐えて話を聴いてくれる人」って、相手から好かれる**んでしょうね。

「イノベーションクラブ」にもたくさんの会社からいろいろな方がいらっしゃいます

が、同じことを感じます。「じーっと話を聴く先輩や上司」のほうが後輩や部下から好かれて、結果的に尊敬と信頼を集めるんですよね。

ですから、「聴き上手」のメリットの2つめは、「聴くと好かれる」ってことだと思いますよ。

「聴き上手」は成長も速い

では、「聴き上手」のメリットの3つめです。

最後は「聴き上手は成長が速い」です。

これは33ページの図をみながら話をすすめていきます。

図の上側で一生懸命に本を読んでいる人がいます。この人は「人に聴くのは恥だ。

とく②：聴くと好かれる

この間、いいことがあってねぇ〜XXXXXXXXXXXXXXXXXXXXXXXXXXXXXXXXXXXXXXXXXXXXXXXXX
へぇ〜そうですか？それはよかったですね！
話し手
聴き手
いい人だなあ！

自分でゼロから調べるぞ」と意気込んで、すべてひとりで学ぼうとしています。
ところが下側の人は、**「わからないことは知っている人に聴こう」という姿勢で、それぞれの「エキスパートの指導」をあおぎます**。

この2人ですが、結果はどうでしょうか？
どちらの人が、「成長が速い」と思いますか？

「やっぱり、人に聴くほうだよね」

そうですよね。
この場合は「聴く」というよりも「質問する」に近いかもしれません。古くからいわれている「聴くは一時の恥、聴かぬは一生の恥」というイメージでしょうか。ですから、上司や先輩、同僚に「聴かない」人はあんまり伸びないんです。

とく③：聴き上手は成長が速い

人に聴くのは恥。
自分でゼロから調べるぞ。
え～と、どこに書いて
あるんだろう？

×「聴くは一生の恥」では成長は遅い

経理部
B/S、P/L
なんでも聴いてね
同期のA子さん
営業部
しかたないな～
教えてあげるから
ちゃんと覚えろよ
先輩のEさん
技術部
設計って奥が
深いんだゾ！
サッカー仲間のBさん
生産管理部
生産管理なら
教えてあげるよ
飲み仲間のCさん
わからないことは識者に聴こう。お互いギブアンドテイクでいこうね
学校の友人
物流なら
任せろ
物流業界に行ったDさん

○「聴くは一時の恥」のほうが成長は速い

このケースもいろいろな会社でみかけることがあります。

やはり、成長が速くて伸びる人は「どんどん上司に質問をしている人」なんです。なんでも自分で解決しないと気がすまない、自分で調べてトライするという図の上側のタイプもチャレンジ精神が旺盛でとてもいいことなんですが、成長のスピードは遅くなってしまいます。

集まる情報も、どんどん質問する下側の人よりも少なくなってしまいますよね。これは当たり前です。

このことは会社に限りません。

「人生で成功している方」は、どんどん聴いているという共通点があるんです。

そのような方は、人生の成功者に「どうやって成功したのか教えてください」と質問します。その結果、たくさんの成功した人のネタが手に入ります。

それらの成功した秘訣をふまえて、自分なりにアレンジして実践していくんです。その結果はもうおわかりですよね。もちろん、スピーディに大成功するんです。

「聴く力をつけたいと思うこと」は人生に成功する「いちばんの近道」

ここまで、いかがでしょうか。

「聴き上手」のメリットを3つご紹介してきました。少しまとめてみます。

『聴き上手』になると……

←

「相手の心を癒します」（メリット①）

←

その結果「相手から好かれます」（メリット②）

←人の話を聴けば聴くほど「尊敬と信頼」が集まります。

また、成功した人や自分にない知識・技術をもっている人に質問することで、成功したコツを勉強し、いろいろな情報を仕入れて、それを実践していけます。

←その結果「成長が速くなります」（メリット③）

この3つのメリットを、本書では『聴く』の「3とく」と呼んでいます。

これがすべてできるようになるならば、先ほどの「デール・カーネギーさんの言葉」も納得できませんか？

「あの『人の話を聴くことにより、人生の80％は成功する』ってやつだね。たしかにそうかもしれない」

そうですよね。なるほど、って実感しますよね。

みなさんはほんとうに「いいタイトルの本（本書）」を手にとられたと思いますよ。**「聴く力をつけたいと思うこと」は、つまり「人生に成功する」ためのパスポートを手に入れたようなもの**ですからね。それも、「いちばんの近道」のはずです。

ぜひ、第2章以降でじっくりとごいっしょに勉強していきましょう。

そして、「聴く力」をつけて「人生の成功」をつかみましょう。

80：20のリズムで聴く

◆「聴く」と「話す」の比率はどうすればいいのか？

さて、第2章へすすむまえにもう1つ、みなさんへ質問です。

●【テーマ】…「聴く」と「話す」
●【質問2】…「聴く」と「話す」は、何対何の比率がよいと思いますか？

この質問はいかがでしょうか？　どう思いますか？

「う〜ん、どうですかね、やはり『2：8』くらいですかね」

いえいえ、それでは「話す」ほうが多くなっちゃいますね。

「だとしたら、じゃあ、『6：4』くらいで、『聴く』が多いのかな」

なるほど、「聴く」がたしかに多くなりましたね。

「聴く」の比率が多くなるのはいいんですが、「6：4」くらいだと、相手はどう思うでしょうか。あなたが4割話しているときには、相手は聴いてくれているわけですからね。その間、相手はしゃべれません。

相手にしてみれば、「5：5」に感じるか、もしかしたら「4：6」くらいに感じてしまう人もいるかもしれません。

「じゃあ、思いきって『10：0』にしたらどう？」

それは、さすがにいきすぎですね。

ずーっと黙っていないといけませんから、「会話」が成り立たなくなります。タイミングをみて、「あいづち」をうったり、ちょっと「質問」をしたりしますよね。それに、「こちらからの話」というのもあります。

ですから、それを考えると「8：2」くらいが適当ではないかと思います。

「8：2」ではなくて「80：20」で覚えよう

「でも、41ページの図には『80：20』って書いてあるんだけど……」

質問2：標準解答

さすがですね、気づかれましたか。

あえて、「8：2」や「4：1」とせずに「80：20」としました。この意図はおわかりになりますか？

「う～ん、ちょっとわからないなあ」

ちなみに、「8：2」や「4：1」と書いてあるのと、「80：20」と書いてあるのとでは、「印象」はどうでしょうか？

「たしかに、印象がちょっとちがうよね」

「『80：20』の場合は『80』も聴かないといけないんだ！」と思いませんか？

「8：2」や「4：1」と比べて、「聴く」量が多いという感覚がより伝わるんじゃないかと思います。ですから、あえて「80：20」にしました。「8：2」や「4：1」でもまちがいではないので誤解しないでいただければと思います。

とりあえず、「聴き上手」のための理想的なリズムは「80：20」がいいと覚えておいてください。

それでは、「80：20」のリズムで「聴く力」がつくための勉強を、これからごいっしょにすすめていこうと思います。

シンプルしかけ「聴く力」使用者の声

お客様から詳細なご要望をうかがえる

印刷業はお客様の要望が幅広いので、ニーズをしっかり聴き出すことが最も大切です。その制作物をどんな場面で利用されるのか、どんな完成型を望まれているのか。細かいところまでうかがって初めて、お客様に喜んでいただけるものがご提供できます。

全てのお客様が自主的に細かいところまで話して下さるわけではないので、やはり営業として「聴く力」が最重要であると常々感じておりました。ただ、営業に携わる社員全員が「聴く力」を持っているわけではないと思っています。

そこで「具体的には？」という“しかけ”（＝問いかけ）を活用するようにしています。このことで、お客様がより深いところまでお話して下さるようになりました。

うまく聴き出すのが苦手な社員にとっても、この一言によってお客様から詳細なご要望をうかがえるきっかけとなっているようです。

第一資料印刷株式会社　代表取締役社長　江曽 政英　様

第2章

心を開いてもらう聴き方

Positive Listening

「聴いています」とメッセージを発する

◆「聴き上手」になるためにはなにをすればいいのか？

さっそくですが、また、みなさんに質問です。

●【テーマ】…聴き上手
●【質問3】…「聴き上手」になるためには、なにをすればよいと思いますか？

みなさんはどう思われますか？
「聴き上手」な方をイメージすると答えやすいかもしれません。

「**『聴き上手』な人って、相手の話に途中でわりこまない**よね。だから『聴き上手』になるためには、相手の話をさえぎらないこと！」

そうです、そんな感じでどんどん出していきましょう。
あとはなにか思いつきませんか？

「そうだな、あとは、相手の話を否定しないよね」

いいですね、そのとおりだと思いますよ。
それから、なにか行動することで思いつきませんか？

「体を動かすんだったら、目をみて話を聴くとか？」

そうです、目をみて話を聴くことも重要です。ほかにはないですか？

「目をみているんだから、体も相手に向いているよね」

そうですね。向き合わないといけないですよね。

ほかにはどうでしょうか？

「あいづちも必要かな」

「あいづち」や「うなずき」もありますね。

あとはなにかないでしょうか。「聴き上手」の人が心がけていそうなことはなんでしょうか？　習慣化していそうなことですが……。

「あっ、思い出した。そういえば、メモをとってるよね」

そうですね。

人の話を聴くときにはかならず「メモをとるような人」が「聴き上手」に多いですよね。それから、相手に話してもらえるような「工夫」はなにかないでしょうか。

「う〜ん、どうだろう、ちょっとむずかしいなぁ〜」

このあたりからは「聴き上手」でもかなり熟練した方のワザになりますが、じつは、「質問」なんです。**いかにいい「質問」を投げるかなんですね**。「質問」の仕方が、「聴き上手」はぜんぜんちがうと思います。

さあ、だいぶ出てきましたね。

「話をさえぎらない」、「話を否定しない」、「あいづち」、「うなずき」、「目をみて話す」、「相手のほうを向く」、「メモをとる」、「質問する」――これですべてでしょうか？　ほかにはありませんか？

◆「聴き上手」は「沈黙上手」!?

たとえば、「相手の話をじっくり聴こうとするとき」に必要なことがあります。これはちょっとむずかしいので答えを先に出します。それは「沈黙」です。

「沈黙って……、黙っちゃうの？」

そうです！

ずっと黙っているわけではなく、いい意味で、「沈黙」を活用する、ということです。

相手が話し終わって、しばらく「沈黙」しておくと、また相手は話し出したりします。もしも、そこで「沈黙」せずに、こちらが別の話をしはじめると、そこで相手の話が一度終わってしまうことがあるんですよ。

しかも、**相手が話し終わってスグにこちらが話しはじめてしまうと、相手は「この人は、自分の話をしたい人なんだな」と思われてしまうかもしれません。**グッとこらえて、相手の話につづきがないことを確認できるまで「沈黙」することが大切です。

ですから、最後までじっくり聴こうという姿勢でのぞむ「聴き上手」は、「沈黙」というワザも心得ているんですね。

「話をじっくり聴こう」という気持ちでいるのといないのとでは、自分の行動に大きく影響してきます。

「沈黙」が使えない人は、「話を聴こうという気持ち」がたりないのかもしれませんよ。「とりあえず聴いている」では、「じっくり聴く」姿勢にはなれませんからね。

かなりの上級テクニックですが、「沈黙」も必要になると覚えておいてください。

「ポジティブ・リスニング」とは、「相手にしっかり聴いてますよというメッセージ」を伝える聴き方

「聴き上手」になるためになにをすればいいかの標準解答をご紹介するまえに、ちょっとお伝えしておきたいことがあります。

本書では、「聴き上手」が実践している「聴き方」のことを「ポジティブ・リスニング」と呼んでいます。

また、ここで質問です。

●【テーマ】…聴き上手

●【質問4】…「聴き上手」になるためには、「ポジティブ・リスニング」という聴き方が大切です。「ポジティブ・リスニング」という言葉を聴いたことはありますか？

みなさんはいかがでしょうか？

「う〜ん、聴いたことないなぁ〜」

そうですよね。

「聴き方」の一般的なテクニックに「アクティブ・リスニング」というものがあります。

「アクティブ・リスニング」でも、もちろんいいのですが、「ポジティブ」という言葉を使うと前向きな感じが強く出てきます。積極的に聴いていこう、という意味がこめられますから、ビジネスパーソンの方にとっては「アクティブ」よりも「ポジティブ」がいいのではないかと思います。

ということで、本書では「ポジティブ・リスニング」という言葉を使っています。

では、私どもがおススメする「ポジティブ・リスニング」がどういうものかというと、つぎのような定義づけをしました。

【——ポジティブ・リスニングとは——】

「聴き手のほうから**積極的に**『しっかり聴いていますよ』『興味深いですね』など、メッセージを伝えることで、**話し手の心を開いてもらう**聴き方」

どうでしょうか。この「定義」はご理解いただけますか？

「言いたいことはわかるけれど、いざやろうとするとむずかしそうだなぁ〜」

ポジティブ・リスニングとは（当社の定義）

ポジティブ・リスニング

聴き手のほうから**積極的**に「しっかり聴いていますよ」「興味深いですね」など、メッセージを伝えることで、**話し手の心を開いてもらう**聴き方まさに、おっしゃるとおりですね。
では、もう少しくわしく「ポジティブ・リスニング」をみていきましょう。

◆「聞く」ではなくて「聴く」の意味

ここで「ポジティブ・リスニング」の「全体イメージ」をのせましたので、59ページの図をご覧ください。まず、すでにお気づきだと思いますが、ここまで、本書では「聞く」ではなくて「聴く」という漢字を使っています。

「ああ、そうだよね、視聴覚室の『聴』だよね」

この「聴」という漢字をじーっとみつめていただくと、なにかに気づくと思うのですが、いかがでしょうか？

「えっ、なにに気づくの？」

「聴」という漢字を分解してみてください。そこにあるのは、「耳」、「目」、「心」です。気づかれましたか？

「あ、そうか！」

「聴く」という漢字は、「耳」に「目」と「心」をたしています。

「なるほど、ほんとうだ！」

「耳」だけで「聞く」のとはちょっとちがいます。すごいですよね。漢字にはちゃんと「意味がある」んです。

「ポジティブ・リスニング」の体系

◆「ポジティブ・リスニング」の全体イメージ①

では、「ポジティブ・リスニング」の全体イメージにもどります。
まずは、「心で聴く」という意味の「ハート・リスニング」です。

①「ハート・リスニング」＝「心で聴く」

先ほどの「耳」だけでなく「心」で聴くです。

「ポジティブ・リスニング」の全体イメージ

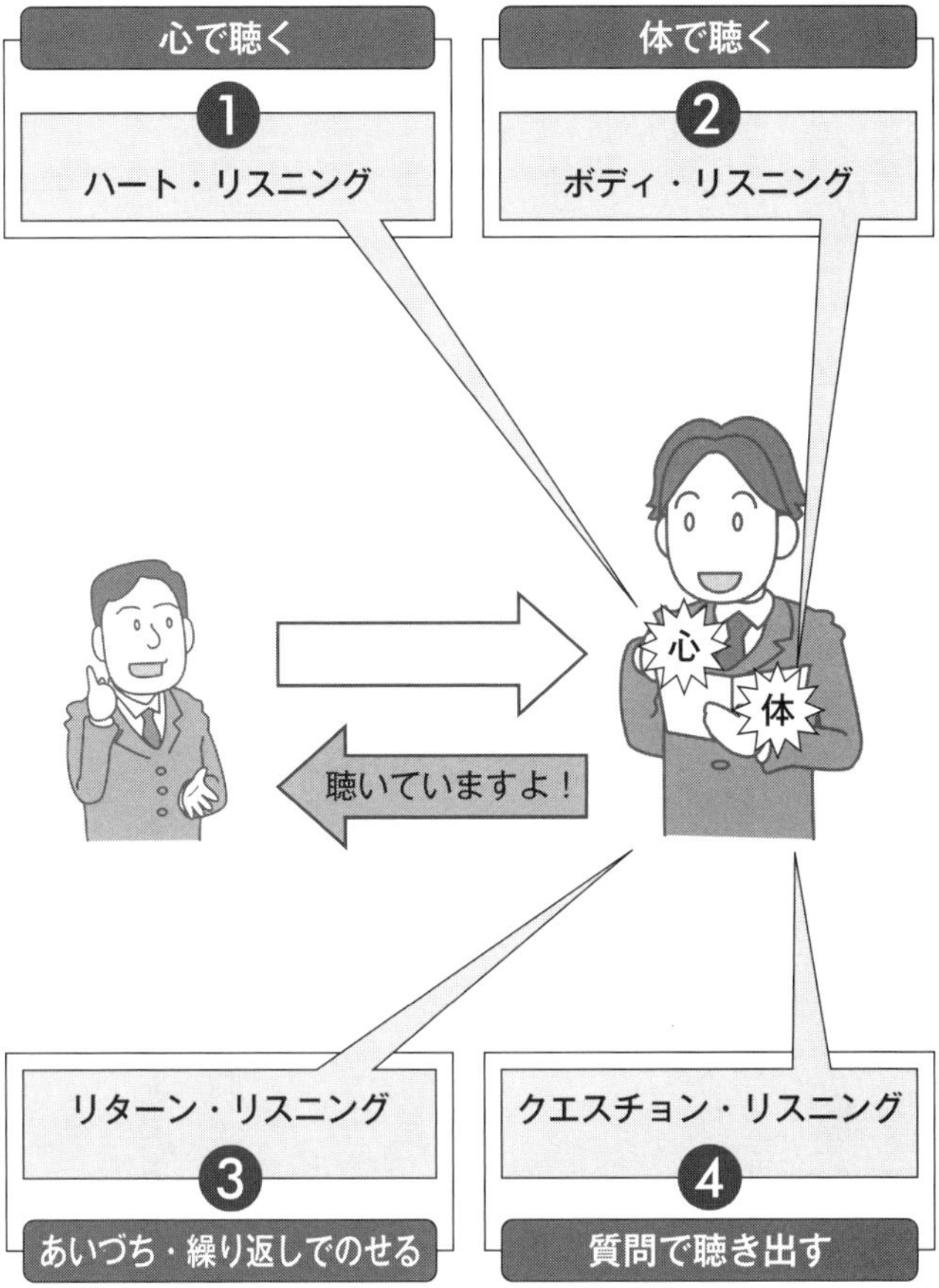
心で聴く
1
ハート・リスニング
体で聴く
2
ボディ・リスニング
心
体
聴いていますよ！
リターン・リスニング
3
あいづち・繰り返しでのせる
クエスチョン・リスニング
4
質問で聴き出す

「でも、『心で聴く』って、なんだか漠然としているなぁ〜」

もう少しくわしくいうと、**聞き流さずに、「ちゃんと聴く、相手を心で受け止める」というイメージ**です。心でがっちりと相手を受け止めて最後まで話を聴くってことですね。

それから「ボディ・リスニング」です。

② 「ボディ・リスニング」＝「体で聴く」

「聴」は「耳」と「目」と「心」から成り立っていると先ほどご説明しました。「心」は、まさに「ハート・リスニング」です。

残った「目」ですが、やはり「目」だけでなく、体全体を使って話を聴きたいですよね。それが「ボディ・リスニング」です。

「体で聴く」というのは、イメージがわきますか？

「相手のほうを向くとか……かな？」

目をみて、相手を向いて、まさにそういう感じですね。

①「ハート・リスニング」で、最初は「心」で聴いて相手を受け止めます

↓

②「ボディ・リスニング」で、目をみて、相手を向いて、「体」で話を聴きます

この①と②で、相手の話をある程度は「聴く」ことができると思います。

◆「ポジティブ・リスニング」の全体イメージ②

「ハート・リスニング」と「ボディ・リスニング」ができたら、もう1つ加えましょう。それが、つぎの3番目です。

③「リターン・リスニング」＝「あいづち・繰り返しでのせる」

相手の話を聴いている間に、「あいづち」をうち、相手の言葉を「繰り返す」ことで、相手の気持ちをのせて、もっと話してもらうようにします。

・「なるほど、そうなんですか」
・「たしかにおっしゃるとおりです」
・「いま困ってらっしゃるんですかぁ〜、それはたいへんですね」

そんな「あいづち」や「繰り返し」を会話に入れていきます。

もちろん、入れるボリュームは先ほどの「聴く」と「話す」の比率である「80：20」の「20」に収めましょう。

この「リターン・リスニング」ができれば、もっと相手は話しやすくなり、さらに話してくれます。

ここまでの「ハート・リスニング」、「ボディ・リスニング」、「リターン・リスニング」の3つで、おそらく相手は1時間以上話してくれると思います。

しかし、なかには15分程度で話が終わってしまうような相手もいるでしょう。どんなに「ハート・リスニング」、「ボディ・リスニング」、「リターン・リスニング」をしても、そういう相手に対しては別のテクニックが必要です。

それがもっとも高度なテクニック、「質問」です。

④「クエスチョン・リスニング」＝「質問で聴き出す」

相手の話が止まってしまった、まだ聴きたいことがある、という場合には、

・「ほかになにかありますか？」
・「具体的にはどうなんでしょうか？」

というように、**「質問をして相手の話をさらに引き出して聴く」**ようにします。

ここまでの「ハート・リスニング」、「ボディ・リスニング」、「リターン・リスニング」、「クエスチョン・リスニング」が「ポジティブ・リスニング」を形づくる4つの

要素になります。

「心」で相手を受け止めて、「体」を使って、相手の話をじっくり聴いて、「あいづち」や「繰り返し」を効果的に使うことで、相手の気持ちをのせます。

そして、話が止まったり、まだ聴きたいことがあるときには「質問」をして、さらに話を引き出します。

これが、まさしく「積極的に聴いていますよ」というメッセージを伝えて、相手の心を開いてもらう「ポジティブ・リスニング」の全体イメージなんですね。

「ポジティブ・リスニング」の4本柱

つぎに、「ポジティブ・リスニング」を体系的にまとめてみました。

「ポジティブ・リスニング」の4本柱

「ハート・リスニング」（心で聴く）
「ボディ・リスニング」（体で聴く）
「リターン・リスニング」（あいづち・繰り返しでのせる）
「クエスチョン・リスニング」（質問で聴き出す）

このそれぞれのリスニングについて、きわめて重要なポイントがあります。
それをそれぞれ3つにまとめてみました。

・「ハート・リスニング」→「3ない」（3つのない）

・「ボディ・リスニング」→「3く」（3つのく）

ポジティブ・リスニングの体系

ポジティブ・リスニング（心を開いてもらう聴き方）

ハート・リスニング（心で聴く）

ポイント

ハート・リスニングの「3ない」（3つのない）

〈シンプルしかけ〉
①聴くモードスイッチ
②場所かえる？

リターン・リスニング（あいづち・繰り返しでのせる）

ポイント

リターン・リスニングの「3あい」（3つのあい）

〈シンプルしかけ〉
⑦あいのソナタ
（あいソナ）
⑧忍法おうむ返し
⑨ほめ返し

ボディ・リスニング（体で聴く）

ポイント

ボディ・リスニングの「3く」（3つのく）

〈シンプルしかけ〉
③ポジなな
④ポシなな 90on カジュアル
⑤へそぎき
⑥ごめん、ちょっと待って
（ながら聴きはブー）

クエスチョン・リスニング（質問で聴き出す）

ポイント

クエスチョン・リスニングの「3もん」（3つのもん）

〈シンプルしかけ〉
⑩なぜそう思うの？
⑪具体的には？
⑫ほかには？
⑬どうしたいの？

・「リターン・リスニング」 ↓ 「3あい」（3つのあい）

・「クエスチョン・リスニング」 ↓ 「3もん」（3つのもん）

こうしたワードだけでは、まだ、まったくわからないと思います。

たとえば、「ハート・リスニング」の「3ない」は、3つのやってはいけないことがあるということなのですが、それぞれについては、じっくりとのちほどご紹介していこうと思いますのでぜひご期待ください。

本書はプロローグでもお話ししたように、「いい話を聴いた」で終わらない本です。

ですから、「聴く力」が確実に身につく、かんたんに実行できる【シンプルしかけ】を、なんと13個もつけています。

その【シンプルしかけ】は、67ページの図のなかではそれぞれのリスニングの「ポイント」の下に書いてあるものです。

こちらも1つずつ、第3章以降でみていこうと思います。

いい話を聴くことができて、さらに本を読んだ直後から「聴き上手」になれる【シンプルしかけ】をご紹介しながら、いっしょに「聴く力」をつける勉強をしていきましょう。

◆ シンプルしかけ「聴く力」使用者の声 ◆

部下が自分で考える力を身に付けられる

「○○さんはなぜそう思うの？」という質問を意識的にするようにしています。相手の意見などに対してすぐこちらから答えを言うのではなく、この質問をする事でより相手の意見を聴き出せるようになりました。

さらに、管理職から部下にこの質問をし続けることによって、部下が自分で考える力を効率的に身に付けられるというプラスの効果も出ました。

このしかけと組み合わせて、「具体的には？」などの短い質問を投げかけ、より相手の話を聞き出す工夫をしています。

イノベーションクラブのポジティブリスニングセミナーを受けた社員からは「普段自分がしっかりと聴くことができていないことに気が付いた。」「聴くことの重要性に改めて気づいたので、今日学んだしかけを実践していきたい。」といった声が上がってきています。

「聴く」という事については普段あまり意識していなかったのですが、しかけを使う事で意識するようになり、とても役に立っています。

株式会社レガロ　代表取締役　石崎 大介　様

第3章

心で聴くハート・リスニング

Positive Listening

ハート・リスニングの「3ない」

◆相手の話を「素直に聴くため」に必要なこと

では、「ポジティブ・リスニング」の1つめ、「ハート・リスニング」(心で聴く)からみていきます。

私どもは、「ハート・リスニング」をつぎのように定義づけています。

【ハート・リスニング】……相手を受け入れて、相手の話を**最後まで、そのまま素直に聴く聴き方**

では、ここで質問です。

●【テーマ】…ハート・リスニング
●【質問5】…相手の話を最後まで、そのまま素直に聴くためには、どういうことに気をつければいいと思いますか？

みなさんはどう思いますか？

「まずは、自分がしゃべらないことかな」

そうですよね。自分が話してしまったら相手は話せなくなります。

「あとは、相手の話をさえぎらないとか……」

それもありますね。相手の話をさえぎってばかりいたら、相手は話す気力を失うかもしれません。

それに、**相手がなにを言おうとしているかを理解するまでは、相手が言っていることがまちがっていたとしても「否定をしない」というのも大事**ですね。

さらに付け加えるならば、「今日はちゃんと最後まで聴こう」と、自分自身をマインドコントロールして準備をととのえておくことでしょうか。

「聴き上手」な人に、「『聴き上手』になるためにはなにをすればいいですか?」と聴いても、当たり前になっているので答えが出ないんです。

「聴き上手」の人たちは、自分でも気づかずに「聴こう」という気持ちから聴く態勢

▶ ハート・リスニング（心で聴く）とは ◀

ハート・リスニング

相手を受け入れて、相手の話を**最後まで、そのまま素直に聴く**聴き方に入っているんですよね。

そうしたこともふまえて、「相手の話を最後まで素直に聴くためにはなにに気をつければいいのか」、その標準解答をご紹介しましょう。

相手が話しているときにしてはいけない「3つのこと」

答えは、第2章でご紹介した「ハート・リスニング」の「3ない」になります。「ポジティブ・リスニング」の体系にのせていたアレですね。

①聴いているときにしゃべらない
②相手の話をうばわない
③聴いているときに「ちがう」と言わない

「ハート・リスニング」の「3ない」

❶ 聴いているときにしゃべら**ない**

❷ 相手の話をうばわ**ない**

❸ 聴いているときに「ちがう」と言わ**ない**

それぞれのフレーズに「ない」が入っているので、「3ない」としました。相手の話を聴いているときにやってはいけない3つのことです。

この3つはいかがですか?

「『しゃべらない』っていうのはわかるなぁ～、つい話したくなるんだよね」

そうですよね。

ずっと相手の話を聴いていると疲れるし、つい話をさえぎって自分が話をしたくなりますよね。

「けど、『うばわない』ってなに?」

「話をうばう」というのは、たとえばこんな会話です。

Aさん　「夏休みに沖縄へいってきたんだよ。それでね……」
Bさん　「あぁ、そう、沖縄、私も沖縄にいってきたんですよ、それがさぁ……」

これはまさに相手が話そうとしていることを「うばっています」よね。こういう状態をいいます。

それから、ちょっと気をつけてもらいたいのが③の「ちがうと言わない」です。これは「聴いているときに」というのがポイントになります。

たとえば、話のなかで相手が明らかにまちがっていることがあります。「日本の人口は1億6000万人で、だから……」と話がつづくようなとき、つい「え！　それ、ちがうんじゃない？」と話をさえぎってしまいがちです。

話が事実とずれている場合には、訂正したほうが相手のためにもなるんですが、それを「聴いているとき」にはしないほうがいいですよ、ということなんです。

ですから、相手の話がひと段落ついたところで、うまく表現を選びながら、「でも、日本の人口ってたしか1億2000万人くらいだったような気がするんだけど……」と、それとなく伝えましょう。

ちゃんと話を聴いてくれたあなたからの訂正ですから、相手も、「ああ、そうか、そうか」と素直に受け入れてくれると思いますよ。単純に「言いまちがい」だったり、「認識のズレ」だったりすることもありますからね。

こうした対応は、あくまでも相手が話す内容の「事実」が「ちがう」場合です。

もしも、**相手の「考え方」が「ちがう」場合には、ゆっくりと意見交換しながら話をすすめていくしかない**と思います。

そんな場合でも、話の途中で「ちがう」といって相手の話をさえぎらないでください。その瞬間に相手は腹が立って、しゃべるのをやめてしまいますからね。

ですから、相手の話を最後まで素直に聴くためには、「しゃべらない」、「うばわない」、「聴いているときに『ちがう』と言わない」という3つがとても大事になります。

ぜひ、覚えておいてください。

聴いているときに話してしまうと、話を最後まで聴けない

では、ここで83ページの上の図をご覧ください。

後輩が先輩に質問をしているシーンをのせました。

後　輩「先輩、相談がある……」

先　輩**「このまえの提案書できたか？　前回も納期に間に合わなかったんだから、**

「今回はちゃんとやれよ！」

この先輩はまったく後輩の話を聴こうとしていません。ぜんぜん会話が成り立ちませんよね。これが「もっともよくないパターン」です。

聴いているときにしゃべっています。その結果、最後まで相手の話は聴けません。

もちろん、聴いているときにしゃべらない「聴き上手」の先輩ならば、つぎのような会話になるはずです（83ページの下の図）。

後　輩「先輩、相談があるんですが……」

先　輩「（じーっと聴いて）ふ〜ん、それで？」

後　輩「じつはA社の仕事のことで悩んでまして、私のいまの力量で納期に間に合うかどうか、ちょっと不安なんですよね」

先　輩「そうか、不安なのかぁ〜」

▶「ハート・リスニング」の3ない①：聴いているときにしゃべらない◀

先輩
相談がある
・・・・・・
？？？？
このまえの
提案書できたか？
前回も納期に
間に合わなかったん
だから今回は
ちゃんとやれよ！
話し手
聴き手

聴いているときにしゃべってしまうので最後まで話を聴けない

『先輩、相談があるんですが……』
じつはA社の仕事で悩んでまして……。
私のいまの力量で納期に間に合うかどうか
ちょっと不安なんですよ
話し手
聴き手

聴いているときにしゃべっていないので最後まで話を聴ける

こんな感じで、「聴いているときにしゃべらなければ」最後まで話を聴けますよね。

◆相手の話をうばってしまうと、話を最後まで聴けない

つぎは「相手の話をうばわない」の例です。
こちらも85ページの上図をご覧ください。

後　輩「先輩、A社の件で相談があるんですが？」
先　輩「そうそう、**A社といえば、あそこの社長は最近どう？**　先日飲みにいって以来、会ってないんだよね……」

これでは、すっかり「A社のネタ」を先輩がうばっていますよね。相手の話を最後まで聴けていません。

▶「ハート・リスニング」の3ない②：相手の話をうばわない◀

相手の話をうばってしまうので最後まで話を聴けない

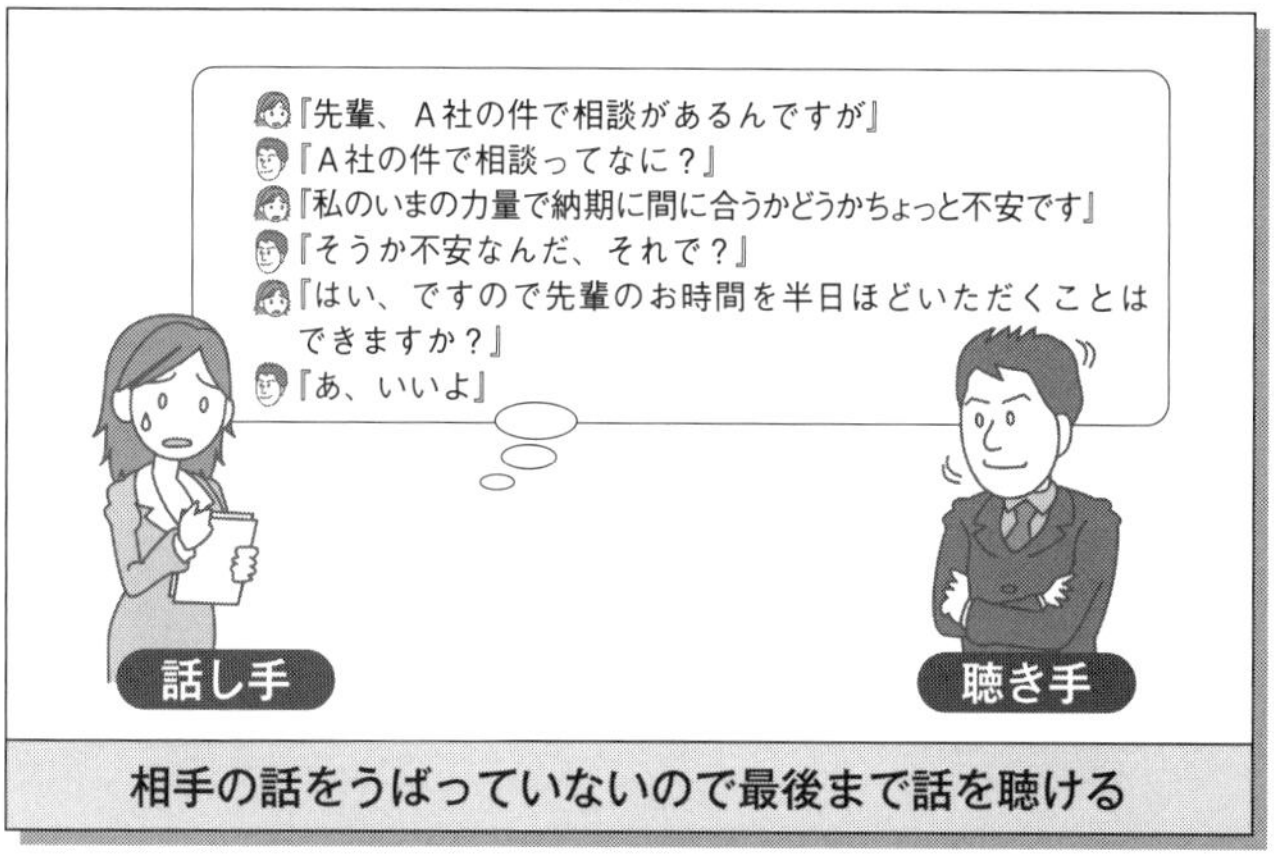

相手の話をうばっていないので最後まで話を聴ける

いっぽう、「ハート・リスニング」ができる「聴き上手」な先輩はどうでしょうか。

後　輩「先輩、A社の件で相談があるんですが……」
先　輩「A社の件で相談ってなに?」
後　輩「私のいまの力量で、納期に間に合うかどうかちょっと不安なんですよね……」
先　輩「そうかぁ~、不安なんだ、それで?」
後　輩「はい、ですので、先輩のお時間を半日ほどいただくことはできますか? いろいろと質問させていただきたいのですが……」
先　輩「おおっ、いいよ、いいよ!」

どうでしょうか。
この2人の先輩の対応を比べていただくと、図の下側の先輩はビジネスパーソンとしてつぎのステージへすすんでいますよね。

しかし、**図の上側の先輩のような対応が積み重なると、周囲の評判もガタ落ち**です。先輩であれば、「なんかあの先輩、いやな先輩だよね」と言われるでしょうし、上司の場合は、「あの課長、いやな課長」と敬遠されそうです。

同僚同士でも「なんかアイツ、いやなヤツ！　いつも人の話うばっちゃって……」と人物評価を落としますから、ほんとうによくないんですよ。

◆聴いているときに「ちがう」と言ったら、最後まで話を聴けない

「ハート・リスニング」の「3ない」の最後は「聴いているときに『ちがう』と言わない」の例です。こちらも89ページの上の図をご覧ください。

後　輩「先輩、A社の件なんですが、私は提案しないほうがいいと思うんですけど……」

先　輩「おい、**それはちがうだろっ！**　A社はかならず受注できる！　積極的に営業かけたほうがいいよ！」

この会話では、究極のNGワード「ちがう」を、聴いているときに言っちゃってますね。もちろん、最後まで話を聴いていません。

では「ハート・リスニング」ができる「聴き上手」の先輩はどうでしょうか。

後　輩「先輩、A社の件なんですが、私は提案はしないほうがいいと思うんですが……」

先　輩「なるほどねぇ～　なぜそう思うの？」

後　輩「じつは、先日営業へいったときにたまたま社長に会えて、いろいろとお話を聴いたんですけども、どうもわが社の商品にはあんまり興味もないようですし、社長がいま悩んでらっしゃることを、わが社の商品は解決できないような気がするんですよ」

▶「ハート・リスニング」の3ない③：聴いているときに「ちがう」と言わない◀

先輩、A社の件ですが
私は提案しないほうが
いいと思うのですが
？？？？
おい、それは
ちがうだろ！
A社はかならず受注できるよ。
積極的に営業かけるべきだ！
話し手
聴き手

『ちがう』と言い最後まで話を聴いていない

『先輩、A社の件ですが、私は提案しないほうがいいと思うのですが』

『なるほどね～、なぜそう思ったの？』

『はい、じつは先日の営業時に、たまたま社長に会えていろいろと話を聴いたのですが・・・』

『ほー、社長に会えたんだ！』

話し手
聴き手

『ちがう』と言わず最後まで話を素直に聴いている

先　輩「ああ、なるほど、そうなんだ、社長に会えたのか、それはよかったな。社長の悩みがわが社の商品が解決できないのであれば、あなたが言うように提案しないほうがいいかもねぇ～」

後　輩「ありがとうございます」

話の展開が図の上側と下側とではまったく別物ですね。

いかがでしょうか？

「ハート・リスニング」の「3ない」の例を3つみてきました。やはり、この3つはとても大事なんですよね。

◆「ハート・リスニング」の「3ない」を実践するために必要なこと

では、「ハート・リスニング」の「3ない」が大事だと理解していただいたところで、またまた質問です。

●【テーマ】…しゃべらない・うばわない・聴いているときにちがうと言わない
●【質問6】…「聴いているときにしゃべらない」・「相手の話をうばわない」・「聴いているときに『ちがう』と言わない」を実践するためにはなにをすればよいと思いますか？

みなさんはなにか思いつきますか？

「だから、そこが知りたいんだよ。どうすればいいの？」

そうですよね。

ここまでの話だけでは、やはり「いい話を聴いた」で終わってしまいます。ですから、そうならないために、**「具体的なにをすればいいか」を、この本では【シンプル**

しかけ】というかたちで、ちゃんとみなさんにご紹介していきましょう。

しかし、そのまえに、まずはみなさんに考えていただきたいと思います。1つずつみていくと、どうでしょうか。

まずは「聴いているときにしゃべらない」です。

これを実践するためには、なにか「具体策」が思いつきますか？

「う～ん、ちょっとむずかしいなぁ～」

たとえば、物理的にしゃべらないようにすることはできるでしょうか？　どういう状態のときに、みなさんはしゃべれなくなりますか？

「大きなアメをなめていたらしゃべれないよね。そういうこと？」

そういう感じで考えていきましょう。

あとは、息を吸っているときも話せませんよね。**とくに深呼吸するときなんて、しゃべりたくても絶対にしゃべれません。**

つぎの「話をうばわない」はどうでしょうか。

「話をうばわない」を実践するには「しゃべらない」と同じく、物理的にこちらが話すことをシャットダウンするというのも有効な方法ですね。

といっても、相手によってはアメをなめていたら失礼な方もいます。

では、物理的にシャットダウンする以外になにか方法があるでしょうか？

「すると、心がけだよね、相手の話をこれから聴くぞって思うには……」

そうなんですよ。

気持ちの「切り替え」が必要になります。いま、「切り替え」という言葉を使いましたが、この単語から思いつくことはありませんか？

「『切り替え』には、家電だったらスイッチが必要だけど……」

そうなんですよ、まさに正解です！

話を聴こうというときには、気持ちを切り替える「スイッチ」が必要なんですね。

第1章 「聴く」とは
第2章 心を開いてもらう聴き方
第3章 心で聴くハート・リスニング
シンプルしかけ 1
2
第4章 体で聴くボディ・リスニング
3
4
5
6
第5章 リターン・リスニング
7
8
9
第6章 クエスチョン・リスニング
10
11
12
13

シンプルしかけ 1

聴くモードスイッチ

方法 深呼吸をするなどして「聴くモード」のスイッチを入れる

効果 「聴くモード」に切り替わり、相手の話を素直に聴ける

「ハート・リスニング」を実践するためには、気持ちを切り替える「スイッチ」が必要ということになりました。

そんな「スイッチ」はほんとうにあるのでしょうか。

ご心配なく、ほんとうにあります。
というよりは、みなさんにつくってもらいます。

自分のなかに、気持ちを切り替える「スイッチ」をこれからつくっていただきます。

電灯の「スイッチ」といっしょです。電灯の「スイッチ」は、押せば灯りがつきますよね。

自分のなかにもそんな「スイッチ」をつくっておいて、**その「スイッチ」を押せば、聴くぞというモードに切り替わるようにしてみましょう。**

これが【シンプルしかけ1】「聴くモードスイッチ」になります。

もっともかんたんな「聴くモードスイッチ」は、「深呼吸」です。物理的にしゃべれなくなりますから、深呼吸している間に「自然と聴く態勢」になりますよね。

では、ここでみなさんに少しお時間をさしあげます。

ご自分に合う「聴くモードスイッチ」を考えてみてください。

▶ シンプルしかけ①：聴くモードスイッチ ◀

聴くモードスイッチ ⇒ 自分が「聴く心構え」をとるための心のスイッチ

例

Aさん、ちょっと相談があるんですが、お時間よろしいですか？
よーし、じっくり聴くぞ！
はあー……っ（深呼吸）いいですよ！
Aさん

Aさんの場合：相手の話を聴くまえに「深呼吸」

いかがですか？　なにか思いつきましたか？

「聴く態勢をととのえるには、携帯電話の電源を切る、っていうのも有効だよね」

そうですよね。相手が話している途中で携帯電話が鳴ったりしたら、気が気じゃなくなりますから、できれば思いきって電源を切るといいでしょうね。

「あとは、時間を気にしないようにすればいいんじゃない？」

たとえば、時計をみない、などでしょうか？

「腕時計を外すとか……かなぁ～」

▶ シンプルしかけ①：聴くモードスイッチの例 ◀

「聴くモードスイッチ」の例	意　味
① 深呼吸する	深呼吸の間は話せないので自然と聴く態勢をとれる
② 腕時計を机に置く	「聴く時間を確保しよう」というメッセージ
③ 携帯電話の電源を切る	「聴くことに集中しよう」というメッセージ

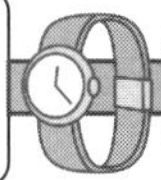

⇓

自分に合った「聴くモードスイッチ」を探しましょう

それもいいですね。

腕時計を外すのは、ひと手間ですから、その間に気持ちを切り替えることができます。それに、相手が時計を外しているところをみれば、「聴く時間を確保しますよ」というメッセージが伝わります。

さすが、「聴く力」をつけたいという読者の方だけあります。いま出していただいた2つは、「深呼吸」と合わせて、使われているトップ3に入っているものなんです。

［聴くモードスイッチ］トップ3

①「深呼吸する」

②「腕時計を机に置く」

③「携帯電話の電源を切る」

このトップ3でなくても、もちろんかまいません。みなさんに合う［聴くモードスイッチ」を考えて実践してもらえればいいんです。
「ほかにあれば、教えてほしいなぁ〜」

そんな方のために、ではご参考までにイノベーションクラブのセミナー受講生からよせられた「ベストスイッチ」をご紹介していきましょう。

◆自分に合った［聴くモードスイッチ］をみつけて使えるようにしよう

全部で6個、お伝えしておきます。

①「パソコンを閉じて相手を向く」

↓

これは上司の方に多いようです。キーボードを打ちながら話を聴くと、相手の話はちゃんと聴けませんからね。

②「両手をにぎって相手を向く」

↓

もちろん自分の両手です。これは女性の方に多いようです。

③「聴くとき専用のペンをもつ」

↓

赤やオレンジなど、色を決めておいて、そのペンをもったら「聴くぞ」という気持ちに切り替えるというものです。色で自分に「聴こう」というシグナルを伝えているみたいですね。

④「アメをなめる」

↓

これは、物理的にしゃべれないようにするスイッチです。しかし、相手によっては失礼になる場合もありますから注意してください。

▶ シンプルしかけ①：聴くモードスイッチの例 ◀

1. パソコンを閉じて相手を向く
2. 両手をにぎって相手を向く
3. 聴くとき専用のペンをもつ
4. アメをなめる
5. コップの水を飲む
6. 背筋を伸ばす

↓

実際に「聴くモードスイッチ」を使いましょう

⑤「コップの水を飲む」→水をグッと飲んで一息入れて、「聴くぞ！」という気持ちに切り替えます。

⑥「背筋を伸ばす」→背筋を伸ばせば気持ちがリフレッシュされて、「聴こう」というモードに入りやすくなります。

ほかには、「イスを寄せる」というのもあります。イスを動かして相手のほうへ近づくことで「聴こう」という態勢をととのえればスイッチが入りますよね。それから「相手と目線を合わせる」というのもあります。

「どうしても人の話が聴けないんですが、そういう人におススメはどれですかね？」

そういう方は**物理的にシャットダウンしたほうがいいでしょうから、深呼吸やアメをおススメします。**

いずれにせよ、ご自分に合う「聴くモードスイッチ」がベストスイッチですから、これらの例から選んでいただいてもいいですし、ご自分で考えたものでもけっこうですので、あらかじめ決めておいて、気持ちの切り替えに使ってみてください。

シンプルしかけ 2

場所かえる？

方法 「相談」などをもちかけられたら、別の部屋に場所をかえて聴く

効果 「話しにくい相談」でも、相手に話してもらえるようになる

「ハート・リスニング」を実践するための【シンプルしかけ2】「場所かえる？」です。

たとえば、後輩や同僚から「ちょっといいでしょうか？　相談があるんですけど……」と言われた場合、みなさんはどうされますか？

「そのまま聴いちゃうけど……」

そうですよね。

そのときに【シンプルしかけ1】「聴くモードスイッチ」を使う、というのも1つのやり方なのですが、別の方法として「場所かえる?」というのもあるんです。

109ページに図をのせましたのでご覧ください。

まずは、上側の2人の会話です。

話し手「相談があるんですが……」
聴き手「はいはい、どうぞ」

これは一般的な流れですよね。

しかし、「話し手」のほうはちょっと困っています。

なぜならば、相談する内容がこみいったことであるとか、「まわりに人がいたら話しにくいこと」だからですね。

表情や雰囲気をみていると、それがわかることがあります。

では、そういう場合にはどうしたらいいでしょうか。

下の図の２人をみてみましょう。

話し手「相談があるんですが……」

聴き手「いいですよ。じゃあ、**場所をかえようか？**」

話し手「はい」

この会話はいかがでしょうか。

たとえば、「雑談ではない、まじめな相談の場合」には、「場所をかえる」のも１つ

シンプルしかけ②:「場所かえる?」

ここじゃ、まわりに人がいて話せない!
相談があるんですが
はい はい どうぞ
話し手
聴き手

場所を配慮しないと相手が話せないこともある

相談があるんですが
いいですよ…… じゃあ、場所をかえようか?
はい
話し手
聴き手

落ち着いて話せる場所を日頃から決めておく

のやり方なんです。

「場所をかえようか?」の一言で、2人はテクテクと歩き出します。その間に「聴くモードスイッチ」が自然に入ります。

その場所に着いたら、「聴こう」という気持ちに切り替わっているはずです。

たとえば、立ち話をしている場合でも、「じゃあ、ちょっと座ろうか?」というのも「場所かえる?」と同じですよね。

また、外を歩きながら話していて、「そこの店でも入ろうか?」というのもまさに「場所かえる?」です。

社外にいる場合は別ですが、社内で相談にのる場合は、【シンプルしかけ2】「場所かえる?」で使う「場所」をあらかじめ決めておいたほうがいいでしょう。

会議室でもどこでもかまいません。「使える場所」を探しておくといいですよ。

「ハート・リスニング」するための臨戦態勢をととのえる、ちょっとしたしかけですが、けっこう効果がありますので、ぜひ使ってみてください。

シンプルしかけ「聴く力」使用者の声

発言しやすい会議の雰囲気が作れるようになった

私たちの会社では、会議を始める前に「聴くモードスイッチを入れてください」と伝えるようにしています。どのようにスイッチを入れるかは各人に任せていますが、それぞれが集中しやすい方法を見つけ、実践しているようです。

また「聴く力」の大切さを学んだことにより、より良い会議を行う事ができるようになったと感じています。

以前は、積極的に参加しようとするあまりに他の人の意見を否定してしまう社員や、実は真剣に話を聞いているのにあいづちやうなずきが無い社員が見られました。

そのような雰囲気の中で会議を行っていたので、良いアイディアが浮かんでも発表しにくくなったり、自分の意見が聴き入れてもらえないと勘違いする社員も出てくるなど、悪循環が起きていました。

しかし、人の意見に対して「うなずき」、「3ない」を意識するようになってからは、発言しやすい会議の雰囲気が作れるようになったと実感しています。

株式会社富士ボルト製作所　常務取締役　山崎 隆一郎　様

第4章

Positive Listening

体で聴くボディ・リスニング

ボディ・リスニングの「3く」

◆相手の話を「体」を使って聴くためにはどうすればいいのか

では、第4章は「ポジティブ・リスニング」の2番目、「ボディ・リスニング」についてご説明していきます。

まずは、私どもが「ボディ・リスニング」をどう定義づけているかをご紹介しましょう。

【ボディ・リスニング】……態度、姿勢、視線など**体を使って**視覚的に「聴いていま

ボディ・リスニング（体で聴く）とは

ボディ・リスニング

↓

態度、姿勢、視線など**体を使って**視覚的に「聴いていますよ」と伝えることで**相手の好意を得て、話しやすくさせる**聴き方

すよ」と伝えることで**相手の好意を得て、話しやすくさせる**聴き方

それでは、ここで質問です。

●【テーマ】…ボディ・リスニング
●【質問7】…体を使って相手の話を聴く具体的な方法はなんだと思いますか？

これはみなさん、どう考えますか？

「まずは、視線を合わせる……かな!?」

そうですね、目を合わせますよね。

「体も相手に向けるよね」

それもあります。**目を合わせるには「体そのもの」を相手へ向けます**。まさに「体で聴く」という態勢ですね。

ほかにはありませんか？　体を使ってできることは、「目」を合わせて「体」を向けるだけでしょうか？

「うなずいたりもするけど……」

そうです、「顔」や「首」を使えば「うなずく」こともできます。あとは、体のパーツでいうと、「手」を使ってすることなんですが……

「相手の話を聴くために手を使うんだったら……ああそうか、メモをとるね」

そのとおりですっ！

ペンや鉛筆、シャープペンをもってメモをとると、やはり「聴いていますよ」というメッセージが相手に伝わります。これは、じつはもっとも有効的かもしれませんね。

◆「ボディ・リスニング」のために実践してほしい3つのこと

では、「体を使って相手の話を聴く具体的な方法」の標準解答をみていきます。

【「ボディ・リスニング」の「3く」】

①「相手のほうを向く」

②「うなずく」

③「メモを書く」

ボディ・リスニングの「3く」

❶ 相手のほうを向く

❷ うなずく

❸ メモを書く

この3つを「ボディ・リスニング」の「3く」と呼んでいます。それぞれのフレーズの最後に「く」がつくので「3く」としました。

「視線を合わせる」というのも「相手のほうを向く」に含まれていますから、ちょうど3個に収まります。

では、1つずつみていきましょう。

◆相手のほうを向いて、目をみながら聴く

1つめが「相手のほうを向く」です。

まず、121ページの図をご覧ください。

図の上側は、**聴き手がまったく話し手に向いていないので、話し手は話す気力を**

▶「ボディ・リスニング」の3く①: 相手のほうを向く◀

……
話し手
聴き手

聴いているときに相手に向いていないので相手が話したくなくなる

〇〇〇〇
〇〇〇〇
〇〇〇〇
ですよね
フムフム
話し手
聴き手

聴いているときに相手に向いているので相手が話しやすい

失っています。これは当たり前ですね。やはり、聴いているときには図の下側のように、相手に向いて、目をみながら聴くと、相手は話しやすくなります。

◆「うなずき」は相手を発言しやすくするのに効果絶大

２つめが「うなずく」です。
こちらも１２３ページの図をご覧ください。

これも図の上側の聴き手は、聴いているときにぜんぜん顔が動きません。うなずいていないんですね。

うなずいてもらえなければ、話を聴いているのか、話し手は不安になります。やはり図の**下側のように、聴いているときにうなずくと相手は話しやすくなります**。

つづけて３つめにいきたいところですが、ここでみなさんに質問があります。

「ボディ・リスニング」の3く②：うなずく

……
話し手
聴き手
聴いているときにうなずいていないので相手が話しにくい
○○○○
○○○○
○○○○
ですよね
ウン
ウン
話し手
聴き手
聴いているときにうなずいているので相手が話しやすい

「マタラッツォの実験」というのをご存じですか?

「聴いたことないなぁ〜」

そうですよね、失礼しました。これは多分ご存じの方は少ないと思います。

じつは、アメリカでマタラッツォという心理学者が「うなずき効果」の実験をしたんです。

「雇用面接」で、面接者に3パターンの態度をとってもらうというものです。

【1】1つめのパターンでは、「ごく自然にふるまって」もらいました

【2】2つめは、「うなずいてもらう」ようにしました

【3】そして3つめは、「うなずくことをやめて」もらいました

▶「ボディ・リスニング」の3く②：うなずく（マタラッツォの実験）◀

マタラッツォの実験

アメリカでのうなずき効果の実験。

雇用面接で、面接者に3パターンの態度（ごく自然、うなずく、うなずかない）をとってもらった。その結果、うなずいたときに志願者の発言時間が増えた。

■うなずきは相手への承認を示し、相手をのせて発言を増やす効果がある。

すると、その結果、2つめの「うなずき」をしたときに、「志願者の発言時間が増えた」そうなんですね。

ですから、**「うなずき」は「相手への承認」を示して、相手をのせて発言を増やす効果があるん**ですよ。たかが「うなずき」ですが、効果は証明ずみです。これは、ぜひ活用してみてください。

◆「メモ」を書くことで相手に伝わるメッセージ

そして、最後の3つめは「メモを書く」です。

これも127ページの図をご覧ください。

上側の聴き手はニコニコと聴いていますが、「メモ」を書いていません。話し手は

「ボディ・リスニング」の3く③: メモを書く

聴いているときにメモを書いていないので聴いていない印象を与えてしまう

聴いているときにメモを書いているので熱心な印象を与える

「ちゃんと話を聴いているのかなぁ～」と不安に思っています。相手に、「聴いていないような印象」を与えていますよね。

下側は、聴き手が熱心に「メモ」を書いています。メモを書くと話し手にも熱心さが伝わるので、「もっと話をしてあげよう」と、気持ちものってきます。

ちなみに、みなさんは聴いているときに「メモ」を書いていますか？

「あまり、『メモ』を書く習慣はないなぁ～」

そうであれば「メモ」を書くようにされたほうがいいですよ。

意外と最近の若い方は「メモ」を書かない人が多いようですね。**「メモ」を書くと、「聴いていますよ～」というメッセージにもなりますし、相手の話の要点を聴き逃し**

ません。これもけっこうメリットがたくさんあるんです。

ここまで、「ボディ・リスニング」の「3く」をご紹介しました。

ご理解いただけたと思いますし、ある程度はすでに実行されている方もいらっしゃるのではないでしょうか。

「私はいまは、あまり、この『3く』が得意ではないんだけど……」

そんな方もいらっしゃると思います。

では「ボディ・リスニング」が身につく、とっておきの【シンプルしかけ】をこれからご紹介したいと思います。

シンプルしかけ 3

ポジなな

方法　イスに座って話すときは、相手のややななめ向かいにポジションをとる

効果　真正面に座ると緊張感を生む。ななめならば自然と会話ができる

「ボディ・リスニング」の1つめは【シンプルしかけ3】「ポジなな」です。

これはどんなものか、イメージがわきますか？

「『ポジ』は……ポジションのこと!?」

そのとおりです。そして「なな」は「ななめ」の略です。「ポジションはななめ」、これを略して「ポジなな」と呼んでいます。

会話をするときの「ポジション」は「ななめ」がいいですよ、という【シンプルしかけ】です。「ボディ・リスニング」の「3く」にある「相手のほうを向く」準備にもなります。

133ページに図をのせましたのでご覧ください。

まず、「真正面」に座るのは、心理学的に「対立の関係」といわれています。つまり、話を聴こうとするときに、相手の真正面に座ると「気づまりや緊張感を生んでしまう」んです。あまりよくないポジションなんですね。

そのため、ややななめに座ると「対立の関係」を避けることができます。相手を必要以上に意識することなく、自然に会話ができるポジションです。ですから、座って話を聴く場合には、「ポジションはななめ」、「ポジなな」がいいんですね。

るといいですよ。

［ポジなな］は、営業パーソンの方は覚えておいて、商談のときにはかならずやられ

私どもの会社の営業担当も、**お客さまが座った後にちょっと座り直します**。ややななめにポジションをうつすんです。脚が動くイスの場合はかんたんに動かせますよね。ソファーの場合もズレることができます。

じつは、この［ポジなな］は第3章でご紹介した【シンプルしかけ1】［聴くモードスイッチ］にもなるんです。

ちょっとポジションを動かせば「よし聴こう！」と気持ちが切り替わりますよね。

ぜひ、やられてみてください。「相手のほうを向く準備」がととのいますよ。

▶シンプルしかけ③：ポジなな（ポジションはななめ）◀

真正面	心理学的には「対立の関係」と呼ばれています。真正面に座れば気詰まりや緊張をうみます。
やや ななめ	ややななめに座れば、対立の関係を避けることができます。相手を必要以上に意識することなく、自然に会話できる位置です。

シンプルしかけ 4

ポジなな90onカジュアル

方法 カジュアルな相談なら、相手と90度の角度にポジションをとる

効果 くだけた話し合いの場合は、お互いにくつろいで話ができる

つづけて「ポジなな」のカジュアル版、【シンプルしかけ4】「ポジなな90onカジュアル」をご紹介します。

「ポジなな」では、「相手のななめまえ」に座りましょう、とお話しましたが、「相手と90度の角度をつくる」ように座ると、さらにいい印象を相手に与えるんです。

といっても、ビジネスシーンではちょっとむずかしい配置ですよね。商談や緊張感

シンプルしかけ④：ポジなな90onカジュアル

注意点	くだけた話し合いや気軽な相談、食事しながらの話し合いなどにおススメです。 商談などの公式な場面や人事面談などの緊張感が必要な場面には不適切です。

が必要な場面では［ポジなな］でいってください。

しかし、**少しカジュアルな場面では「90度の配置」がいいと思います**。

くだけた話し合いや気軽な相談、食事をしながらのミーティングなど、使える場面はたくさんあると思います。

公式な場面では［ポジなな］で、カジュアルなときには［ポジなな90onカジュアル］でと覚えておいて、ぜひ活用してみてください。

シンプルしかけ 5

へそぎき

方法 話し相手に対して顔だけ向けるのではなく、体ごと（へそも）向けて話す

効果 「話を聴いていますよ」というアピールになり、好感をもたれる

ここまでご紹介した「ポジなな」「ポジなな90onカジュアル」は、どちらも「相手がひとり」の場合です。気づかれましたか？

しかし、「相手が複数」の場合もありますよね。そのときには聴き方を工夫する必要があります。そこで、おススメなのが【シンプルしかけ5】「へそぎき」です。

「へそで聴くって、どういうこと？」

これは139ページの図をご覧いただくと、すぐにわかると思います。「へそで聴く」とは、つまり「話している相手にへそを向ける」ということです。これは「相手が複数」の場合には、とても使えるしかけなんです。

相手がひとりの場合には自然に「へそぎき」していますよね。ところが、1対3くらいになるとそうはいきません。「へそ」を動かして相手を向かないと、「体で聴く」ことができないんです。

それに、1対3くらいではつい「顔だけを向けて話を聴いて」しまいます。しかし、「体ごと相手を向く」ほうがいいんですね。**「へそを向ける」だけで「話を聴いていますよ」というアピールにもなりますし、相手に好感をもってもらえるんです。**

ですから、「相手が複数」の場合は、話を聴く相手に「へそ」を向けてみましょう。

シンプルしかけ⑤：へそぎき

シンプルしかけ 6

ごめん、ちょっと待って（ながら聴きはブー）

方法 「ごめん、ちょっと待って」と言って、自分の手があく時間を伝える

効果 「ながら聴き」をしなくなることで、相手の話をちゃんと聴ける

つぎは【シンプルしかけ6】「ごめん、ちょっと待って」（ながら聴きはブー）です。

これも、「ボディ・リスニング」の「3く」の1番目、「相手のほうを向く」ためのしかけになります。

「ごめん、ちょっと待って」という名前で、どんなしかけかご想像がつくと思いますが、いかがでしょうか？

「『ごめん、ちょっと待って』って言うんだよね（笑）」

そうなんです（笑）。

どなたかが「相談があるんですが」、「ちょっと話を聴いてもらいたいんですけど」など、あなたに話しかけてきたら、「ごめん、ちょっと待って」と言ってください。

なにもしていないときであればいいですが、社内にいればたいていは「なんらかの作業中」ですよね。

その仕事をつづけながら相手の話を聞いたら、相手はきっと、「聴いてない……」と感じますよね。「作業中」ということは、おそらく相手のほうを向いていないでしょうからね。

もっともやりがちなのは、上司や先輩が「パソコンの操作をしながら話を聴くこと」だと思います。

143ページの図にもあるとおり、後輩がやってきたとします。

後　輩「先輩、ちょっといいですか？　相談があるんですけど……」

先　輩「えっ、なに？（そのままパソコンの作業をつづける）」

後　輩「……（きっと、先輩、聴いてないな）」

こういう場合のように、どうしてもパソコンの作業をしなければいけないならば、「ごめん、ちょっと待って」と言ってください。**「ごめん、ちょっと待って、10分後に……」と、手があく時間をつけるとより親切でしょうね**。

このセリフを言わずに、そのまま話を聴くと、「ポジなな」や「ポジなな90onカジュアル」どころか、相手にまったく向いていない状態です。これでは「ボディ・リスニング」になっていません。

とにかく、「ながら聴き」はNGです。ぜひ、気をつけてください。

▶ シンプルしかけ⑥:「ごめん、ちょっと待って」(ながら聴きはブー) ◀

ほかの作業をしながら聴くと、相手は「聴いていない」と感じる

例

パソコンの操作をしながら

すみません。ちょっと相談があるんですが…
なに?

「体」と「感情」を相手に合わせる

ここからは「ボディ・リスニング」の応用編です。

みなさんは「ペーシング」という言葉を聴いたことがありますか?

「ペーシング」とは、「相手に合わせる・歩調を合わせる・ペースを合わせる」という意味になります。そして、「ペーシング」には「ミラーリング」と「チューニング」の2つがふくまれます。

①「ミラーリング」　↓　「ボディランゲージを相手に合わせる」技術

②「チューニング」　↓　「感情を相手に合わせる」技術

ボディ・リスニングの応用：ペーシング

ペーシング：

相手に合わせる・歩調を合わせる・ペースを合わせる

1 ミラーリング → ボディランゲージを合わせる

2 チューニング → 感情を合わせる

この2つについて、ご説明していきますね。

◆「ミラーリング」で体の動きを相手に合わせる

ここで質問です。

●【テーマ】…ミラーリング
●【質問8】…ミラーリングは相手にボディランゲージを合わせて、話しやすくさせる技術です。具体的にはなにを合わせると思いますか？

みなさんはどう思われますか？

「手とか顔とか、体の動きを合わせるんだよね」

手と顔が出ましたね。ほかにはないですか？

「あとは、足かな？」

足の動きといえば、足を組んだりですね。相手が足を組めば、こちらも組むということになります。

一般的には、いま出していただいたような、**相手の「顔や手、足などの体のパーツの動き」に「自分の動き」を合わせること**になります。

では、具体例をみていきましょう。

1つめは「手」です。

「手を組む」、「手を出す」、「手を顔にあてる」、「水を飲む」などですね。

相手がこうした動作をしたら、「自分も同じことをする」んです。

もっともかんたんなのは、相手がお茶を飲んだときに自分も飲むことでしょうか。これは「営業パーソンの方」がよくやっていらっしゃると思います。

「自分といっしょだなあ」と相手が思うと、「自分と合うかも」と好感をもってくれて、もっと話してくれるようになるんですね。

2つめは「足」です。

「足を組む」、「足を伸ばす」などですね。

こちらも、相手の動作に合わせて、自分も同じことをしてみましょう。

3つめは「体」です。

「胸をはる」、「身をのりだす」などが考えられます。

相手がきれいに背筋を伸ばしていれば、こちらもきちんとした姿勢にならないといけません。相手が身をのりだしてきたら、いっしょに身をのりだしましょう。

ミラーリング

ミラーリング

具体例

手 → 手を組む・手を出す・手を顔にあてる・水を飲むなど

足 → 足を組む・足を伸ばすなど

体 → 胸を張る・身をのりだすなど

顔 → 目を細める・笑顔になる・涙をながすなど

留意事項

あまり露骨にやらず、さりげなくやる！

4つめは「顔」です。

「目を細める」、「笑顔になる」、「涙をながす」などです。

相手がしゃべらない場合には自分も話さないというのも、1つの「ミラーリング」になります。


ここまで「手・足・体・顔」と、体の4つのパートについてみてきました。

いずれも有効な手段であることはまちがいないのですが、**「あまり露骨にやると逆効果」**ですので、あくまでもさりげなくやってみてください。

◆「チューニング」で相手に感情を合わせる

「ペーシング」の2つめは「チューニング」です。

「チューニング」は「相手に感情を合わせる技術」ですね。
153ページの図をご覧ください。まずは上側のやりとりです。

話し手「お客さまが喜んでくれてね」
聴き手「あっ、そうですか」
話し手「……（なんだか彼とはトーンが合わなくて話しづらいんだよなぁ〜）」

これでは会話がつづきませんよね。つづいて下側のやりとりです。

話し手「お客さまがとても喜んでくれてね〜」
聴き手「へぇ〜、すごいですね。お客さまは最高に喜んだでしょうね〜」
話し手「そうなんだよ。君もこの仕事に興味がありそうだね。いっしょのチームに加わらないか？」

「相手が感情を合わせてくれた」ので話がすすんでいます。**話し手は、「聴き手に感情を合わせてもらえると話しやすくなる」**んですね。

これは、相手が暗い表情の場合も同じです。「先輩、相談があるんですけど」と、悩みを抱えていそうな場合は「そうか、どうしたんだ！　大丈夫か？」と、暗いトーンを合わせてあげます。

相手が喜んでいれば自分も喜ぶし、暗い場合は自分も暗くなる――そんなふうに「感情を合わせる」と会話がスムーズにつづくのです。

この「ペーシング」のなかの「ミラーリング」と「チューニング」の2つは「ボディ・リスニング」の応用編ですが、それほどむずかしくはありません。

知っていれば使える場面もあるでしょうから、ぜひ覚えておいてください。

チューニング（感情を合わせる）

なんだか彼とは
トーンが合わな
くて話しづらい
んだよなぁ～
お客さまが
喜んでくれてね…
あっ
そうですか…
普通
話し手
聴き手

聴き手と話し手のトーンが合わないと話しづらい

彼はニコニコし
て聴いてくれる
から話しやすい
なあ
お客さまがとっても
喜んでくれてねぇ～
へぇ～すごいですね！
お客さまは最高に喜ん
だでしょうねぇ～…
そうなんだよ。
君もこの仕事に興味
ありそうだね。いっ
しょのチームに加わ
らないか。
嬉しい！
興味津々！
話し手
聴き手

聴き手が話し手とトーンを合わせると話しやすい

◆ シンプルしかけ「聴く力」**使用者の声** ◆

部下の考え方やアイデアを吸い上げられる

以前は管理職が部下に対して一方的な指示を出し物事を進めていました。こういう状態ですと、部下が何かいいアイデアを考えていても採用されることはありませんし、部下が何を考えているか分からないままになってしまいます。

そのような状況の中、管理職の社員がイノベーションクラブセミナーの「ポジティブ・リスニング」を受講したのですが、「どうしたいの?」というシンプルしかけを使うようになりました。

普段部下の話を聴き慣れていない者でも簡単に意見を聴き出すことができ、簡単に導入できるしかけだったのですぐに使ってみたようです。

このしかけを使うようになってから部下との会話も増えたので、考え方をより知ることができ、良いアイデアも吸い上げられるようになりました。

今後は他のシンプルしかけも導入していきたいと思っております。

株式会社フォルム　代表取締役社長　松本 有　様

第5章

リターン・リスニング

Positive Listening

リターン・リスニングの「3あい」

相手の話に合わせて「あいづち」などを返す「リターン・リスニング」

第4章まで終わりました。ここまでいかがでしたでしょうか。

いろいろな【シンプルしかけ】を実行するうちに「ハート・リスニング」で「心」で聴いて、「ボディ・リスニング」で「体」で聴けるようになったのではないでしょうか。きっと、だんだん相手が話をしやすい状態になっていると思います。

では、第5章では「リターン・リスニング」すなわち「あいづち・繰り返しでのせ

リターン・リスニングとは

リターン・リスニング

あいづち・繰り返しなどの音声情報を**相手に合わせて返す**ことによって**会話にはずみをつける**聴き方

る」方法を【シンプルしかけ】でマスターして、さらに力をつけていきましょう。

まずは「リターン・リスニング」について、私どもの定義をご紹介しておきます。

【リターン・リスニング】……あいづち・繰り返しなどの音声情報を**相手に合わせて返す**ことによって**会話にはずみをつける**聴き方

そして、この「リターン・リスニング」のポイントが「リターン・リスニング」の「3あい」になります。

【「リターン・リスニング」の「3あい」】

①場に合ったあいの手
②タイミングよいあいづち
③相手の言葉を繰り返す

「リターン・リスニング」の「3あい」

❶ 場に合ったあいの手

❷ タイミングよいあいづち

❸ 相手の言葉を繰り返す

それぞれのフレーズに「あい」が入っているので、覚えやすいように「3あい」と名づけました。

この3つはすでに実行していらっしゃいますか？

「『あいの手』も、『あいづち』も、やってはいるけど、じつはちょっとタイミングをはずしているかもしれないなぁ〜」

そんな方も、すでに実行していらっしゃる方も、いっしょに1つずつみていきましょう。

場に合った「あいの手」で相手はさらに話をしてくれる

1つめは「場に合った『あいの手』」です。

「あいの手」をご存じでない方はいらっしゃらないと思います。163ページに図をのせましたので、ご覧ください。まずは、上側の2人からみていきましょう。

話し手「じつはA社の仕事、ものすごくうまくいったんですよ！」
聴き手「それで？」
話し手「？？？」

聴き手は「冷たいリアクション」ですよね。話し手は「なんか冷たいなぁ～」とがっかりしてしまいます。

では、下側の2人はどうでしょうか。

話し手「じつはA社の仕事、ものすごくうまくいったんです!」
聴き手「**へー!**　うまくいったんだ!　それはよかったね」
話し手「はい、ありがとうございます。それでA社の社長に、お礼に、と食事をご馳走になったんです」
聴き手「**えー!**　ご馳走に」

聴き手が使っている「へー」や「えー」が、まさしく「あいの手」ですね。「あいの手」がある場合とない場合とでは、会話がまったくちがってきます。

「あいの手」がなければ会話がはずまずに、話し手はそれ以上の話をしてくれません。

逆に、「あいの手」を上手にいれると会話がはずみますから、話し手はどんどん話を

▶「リターン・リスニング」の3あい①：場に合ったあいの手◀

あいの手がないので会話がはずまない

あいの手をいれているので会話がはずんでいる

してくれます。

このような差がつきますから、ぜひ「あいの手」は積極的にいれて、会話をはずませましょう。

ちなみに「あいの手」ですが、意味はつぎのようになります。

「あいの手（間投詞）」……語句の間に投入される詞（もともと「合いの手」とは、歌や踊りの調子に合せて間に入れる掛け声や手拍子の意味。転じて、会話の進行の間に別の人が挟む言葉の意味で使われる）※『広辞苑』を参考

もともとの意味が、「歌や踊りの調子に合わせて間に入れる掛け声や手拍子」だったことからも、会話をはずませるためには「あいの手」が大切だとわかりますよね。相手の話す調子に合わせて、上手に「あいの手」を会話にいれていきましょう。

あいの手とは

あいの手（間投詞）

語句の間に投入される詞（もともと「合いの手」とは、歌や踊りの調子に合せて間に入れる掛け声や手拍子の意味。転じて、会話の進行の間に別の人が挟む言葉の意味で使われる）

◆「あいの手」の種類と、やってはいけないこと

会話にはずみをつけてくれる「あいの手」ですが、種類もいろいろあります。

「あー」「いやー」「うーん」「ええ」「おー」
「はい」「はあ」「ふーん」「へー」「ほー」
「そう」「まぁー」「むむ」「わぁー」

もっとあると思いますが、多く使われているものをあげてみました。こんなふうに、「あいの手」はたくさんありますよね。

それに、**声の調子を変えることで、同じ「あいの手」を使っても、ちがったニュアンスになります。**

あいの手（間投詞）の種類と注意点

（1）あいの手の種類

「あー」「いやー」「うーん」「ええ」「おー」

「はい」「はあ」「ふーん」「へー」「ほー」

「そう」「まぁー」「むむ」「わぁー」など

（2）声の調子を変えることで同じあいの手でもちがったニュアンスになる

（3）あいの手の注意点

①場の雰囲気に合ったあいの手を打つことが大切。

②あいの手を繰り返すとせき立てる印象を与えることがある。
×「はい、はい、はい、」　「えー、えー、えー」

同じ「へー」でも、驚いたり、感心したり、喜んだりと、その時々で、表現する感情を声の調子で変えることができますよね。

なかには「あいの手」の達人がいて、「へー」だけで、5パターンも使い分けるという方がいらっしゃいました。5パターンは無理にしても、2〜3パターンあると使い分けることができそうですね。

しかし、便利な「あいの手」ですが、使うときには「注意点」もあります。

1つめは、『あいの手』は場の雰囲気に合わせる」ということです。
場の雰囲気にそぐわない「あいの手」は、会話がはずむどころか、相手に不快な思いをさせてしまいます。その場の雰囲気を乱してしまいますから気をつけてください。

2つめは、『あいの手』を短く繰り返すと、せき立てたり、『もうわかっていますからいいんですよ』といった印象を与える場合がある」ということです。

「『はい』は1回まで」というのは聞いたことがあると思いますが、「はい、はい、はい」では、言われたほうは、いやな気分になりますよね。

「あいの手」はどなたでも使っていらっしゃると思いますが、気をつけて使うようにしましょう。

「あいづち」はタイミングが大切

つぎは「リターン・リスニング」の「3あい」の2番目、「タイミングよい『あいづち』」です。

こちらも171ページに図をのせましたのでご覧ください。

まずは、上側の2人をみてみましょう。

話し手　「最近、私、ものすごく成長した気がするんですけど……」
聴き手　「そうなの、でっ？」
話し手　「？？？」

「あいづち」がまったくないパターンですね。これでは話がストップしてしまいます。
では、図の下側の２人です。

話し手　「最近、私、ものすごく成長した気がするんです」
聴き手　「へー！　**そうなんだ！**　それはすごいね！」
話し手　「以前は苦手にしていたプレゼンテーションが、このまえうまくいって私の企画がとおったんですよ」
聴き手　「**なるほど**、それはよかった！」

この２人は、聴き手が上手に「あいづち」をうっているおかげで話がはずんでいま

▶「リターン・リスニング」の3あい②：タイミングよいあいづち◀

最近、私ものすごく成長した気がするんですけど
そうなの、でっ？
？？？？？………
話し手
聴き手

あいづちがないので会話がはずまない

『最近、私ものすごく成長した気がするんです』

『へー！そうなんだ！それはすごいね！』

『以前は苦手にしていたプレゼンが このまえうまくいって私の企画がとおったんです』

『なるほど、それはよかった』

話し手
聴き手

あいづちがあるので会話がはずんでいる

すよね。

それに、聴き手は「へー！　そうなんだ！」と、「あいの手」と「あいづち」の「2つ」の「あい」を使っています。

うまくリズムもついて、さらに効果が期待できそうです。相手も気持ちがのってきて、話がしやすくなるはずです。

「あいづち」の種類とその意味

ご参考までに「あいの手」と同じく「あいづち」もその種類をご紹介しておきます。

①話を促す「あいづち」……「なるほど」「そうですか」「そうだったんですか」「そうなんですね」「それで？」「それから？」「その後は？」「もっとつづけてみて」など

あいづちとは

あいづち（相槌）

相手の話に調子を合わせること（もともと「相槌」とは、刀をつくるときに、弟子が師と向かい合って互いに槌を打つことを指した）。

これは、もうおなじみの「あいづち」ですね。

これらの「あいづち」を使うと、さらに話をつづけてもらうことができます。**聴き手がちゃんと話を聴いていて、もっと自分の話を聴きたいと思っている、と話し手が感じることができるから**です。

②プラスの共感を示す「あいづち」……「たしかに」「そうだね」「そうそう」「そうなんです」「そのとおり」「わかるよ」「まったくおっしゃるとおり」「おもしろい」「さすがですね」「すごいですね」「よかったですね」など

こちらも、みなさん使っていらっしゃるのではないでしょうか。

「共感」を示せば、話し手は聴いてくれていると感じますし、「共感」されれば肯定されたとも感じます。気持ちがのりますから、ますます話してくれます。

あいづちの種類と注意点

（1）あいづちの種類

①話を促すあいづち

「なるほど」「そうですか」「そうだったんですか」「そうなんですね」「それで？」「それから？」「その後は？」「もっとつづけてみて」　など

②プラスの共感を示すあいづち

「たしかに」「そうだね」「そうそう」「そうなんです」「そのとおり」「わかるよ」「まったくおっしゃるとおり」「おもしろい」「さすがですね」「すごいですね」「よかったですね」　など

③マイナスの共感を示すあいづち

「そうなんですか」「それは、それは」「たいへんですね」「きついですね」「つらいですね」「困りましたね」「残念ですね」　など

（2）声の調子を変えることで同じあいづちでもちがったニュアンスになる

（3）あいづちの注意点

①タイミングよく、あいづちを打つことが大切。

②声の調子に心がこもっていないと相手に冷たい印象を与えることがある。

③マイナスの共感を示す「あいづち」……「そうなんですか」「それは、それは」「たいへんですね」「きついですね」「つらいですね」「困りましたね」「残念ですね」など

「プラスの感情」だけでなく、「マイナスの感情」にも共感を示すと、会話では効果的です。「親身に聴いてくれている」と相手は感じますし、この人だったらもっと話そうとも思います。

①から③まで、いずれの「あいづち」でも声の調子を変えることで、ちがうニュアンスになります。言いやすいものを自分のなかにストックしておいて、「調子を変えて」使ってみてもいいでしょうね。

「あいづち」の注意点

では、「あいづち」の注意点にはどんなものがあるでしょうか。

1つめは、「タイミングよく『あいづち』を打つ」ことです。

タイミングがズレてしまうと、「話を聴いていないサイン」になって、相手に不快な思いを与えてしまい、おそらく話はそれ以上進展しません。

2つめが、「声の調子に心がこもっていないと、相手に冷たい印象を与えるおそれがある」ということです。

とくに、「あいづち」の種類の3つめでご紹介した「マイナスの共感を示す」とき、「心がこもって」いなければ、相手のマイナスの感情はさらに増えて、聴き手は不信感さえ覚えてしまいかねません。

いい加減な「あいづち」は不必要な誤解を招きますので、ぜひ注意してください。

シンプルしかけ 7

あいのソナタ（あいソナ）

方法 ベストのあいづちは「そうなんだ」「なるほど」「たしかに」の3つ

効果 相手に「話を肯定的に聴いていますよ」と印象づけることができる

では、タイミングのよい「あいづち」のお話をしたところで、「あいづち」をするための【シンプルしかけ7】「あいのソナタ（あいソナ）」をご紹介いたします。

「あいのソナタ」と、軽いネーミングなのですが、これは4つの言葉の頭文字をつなげたものになります。

「あい」→「あいづち」

「ソ」→「そうなんだ」

シンプルしかけ⑦：あいのソナタ（あいソナ）

あいのソナタ（あいソナ）

あいづちは

- **そ** → そうなんだ
- **な** → なるほど
- **た** → たしかに

「ナ」↓「なるほど」
「タ」↓「たしかに」

当社には「あいづち研究会」というものがあって、長年「あいづち」の研究をしています。そのなかで、もっとも多く使っている「あいづち」を調べてみたんです。すると、そのベスト3が「そうなんだ」、「なるほど」、「たしかに」だったんですね。

この3つのうちの「どれか1つをよく使っている」という方が、けっこう多いのではないでしょうか。

「私は『なるほど』をよく使うなぁ〜」

「なるほど」もよく聞きますよね。しかし、**せっかく「ベスト3」が判明したのですから、3つすべてを覚えて、状況に合わせて使ってみてください。**

「あいづち」のレパートリーが増えれば、相手との会話もさらにはずみますよ。

このベスト3をタイミングよく何回も言うと、**「話を肯定的に聴いていますよ」と相手に印象づけることができます。**ほんとうに、魔法の「あいづち」なんです。

相手の言葉を繰り返せば会話もはずむ

では、「リターン・リスニング」の「3あい」の3番目、「相手の言葉を繰り返す」にうつります。

同じく183ページに図を用意しましたのでご覧ください。

まずは、図の上側の2人です。

話し手「きのう、じつはすごくうれしいことがあったんです」

聴き手　「そうなの、それが？」
話し手　「？？？」

いかがでしょうか。話がまったくはずんでいませんよね。
では、つぎに下側の2人の会話です。

話し手　「きのう、じつはすごくうれしいことがあったんです！」
聴き手　「へー！　うれしいことがあったんだ！」
話し手　「A課長にはじめて『いい仕事したな！』って認めてもらったんです」
聴き手　「A課長に認められたんだぁ～」

こちらは、聴き手が「相手と同じ言葉を繰り返して」います。これも会話をはずませるテクニックの1つなんです。そこで、「相手の言葉を繰り返す」ことがかんたんにできる【シンプルしかけ】をご紹介します。

▶「リターン・リスニング」の3あい③：相手の言葉を繰り返す◀

相手の言葉を繰り返さないので会話がはずまない

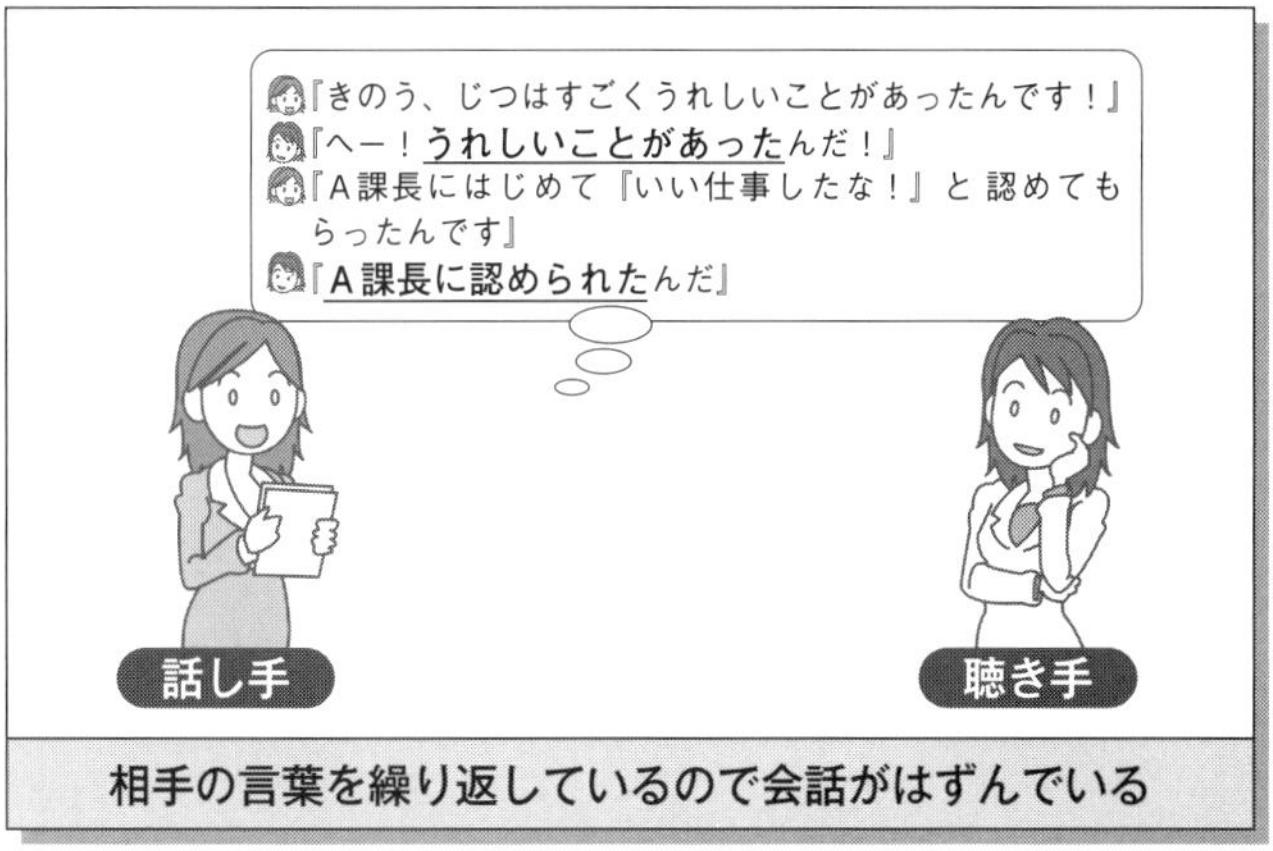

相手の言葉を繰り返しているので会話がはずんでいる

シンプルしかけ 8

忍法おうむ返し

方法 相手の言ったことを「おうむ」のように、言い返してあげる

効果 相手は「ほんとうに聴いてもらえているなぁ」と思ってくれる

相手の言葉を繰り返すための【シンプルしかけ8】「忍法おうむ返し」です。

「『おうむ返し』ってことは、やっぱり相手の言ったことを繰り返すんだよね？」

そのとおりです。

相手の言葉を繰り返すことができない、繰り返すのに抵抗があるという方が、この【シンプルしかけ8】「忍法おうむ返し」を使って、忍者のように変身してほしぃ！

という願いをこめたネーミングです。

ただの「おうむ返し」というよりも、「忍法おうむ返し」のほうが相手の言葉を「おうむ返し」しようという意識がめばえてくると思います。

「会話例」をあげましたので、187ページの図をご覧ください。

まずは上側の2人からです。

話し手「じつは困っていることがありまして……」
聴き手「えっ！　それで納期に間に合うの？」
話し手「……（相談しているのに、説教されるなんてひどい！）」

聴き手はまったく相手の話を聴こうとしていません。話し手はがっかりですよね。

これでは相談する気になりません。

つづけて、下側の2人です。

話し手「じつは困っていることがありまして……」
聴き手「そうか、**困ってるんだぁ～**」
話し手「……（A課長ってなんだか相談しやすいなあ）」

この場合は、「話し手が聴き手に好感をもって話をしてくれそうな雰囲気」です。

相手の言葉を繰り返すのは、「意識をしていないとけっこうできないこと」なんです。しかし、**話し手は「自分が言ったことを繰り返してもらえる」と、「ほんとうに聴いてもらえてるなぁ」と思ってくれるんですね。**

ぜひ、意識して、「相手の言葉を繰り返す」ようにしてみましょう。

シンプルしかけ⑧：忍法おうむ返し

うわぁ〜困って相談したのに、説教されるなんてひどい！
じつは困っていることがありまして…
え！　それで納期に間に合うの？
話し手
聴き手

単なるバッサリ

A課長ってなんだか相談しやすいなあ
じつは困っていることがありまして…
そうか困っているんだ
話し手
聴き手

忍法おうむ返し

シンプルしかけ 9

ほめ返し

方法 会話のなかで相手をほめる。ベストは「ほめることからスタート」する

効果 たとえお世辞とわかっていても、ほめられて喜ばない人はいない

「リターン・リスニング」の【シンプルしかけ】もいよいよ最後になります。

ラストは【シンプルしかけ９】「ほめ返し」です。

「ほめ返し」は会話のなかで「相手をほめてあげ」のせてあげることです。

やはり、「ほめられるとだれでもうれしい」ですよね。

たとえ「お世辞」とわかっていても、ほめられて怒る人はいませんから、「会話の

なかでほめること」をされてはいかがですか？　というご提案になります。

私は、営業パーソンの方には「ほめ返し」の応用編で最初にほめる、いわゆる「ほめスタ」（ほめることからスタート）で会話をスタートさせてください、とおススメしています。

みなさんもご経験があると思います。

お店で売り込みにこられたカリスマ販売員の方は、「ほめることから会話をスタート」させませんか？

やっていらっしゃる方は、すでに当たり前のことになっていると思います。

では、今回も例をあげましたので191ページの図をご覧ください。

聴き手「こんにちは○○さん！　新しいビルに引っ越しされたんですね！」

話し手「いやあ、○○さん、こんにちは。じつはそうなんですよ。新しいビルに引っ越しちゃったんですよ」

聴き手「○○さん、**ずいぶん見晴らしのよいオフィスですねえ！** 晴れた日には気持ちがいいんじゃないですか？」

話し手「いやあ、ありがとうございます。社員にもけっこう好評なんですよね。社員がほこれるものを1つはつくりたかったですから。採用のときにもアピールできるようにって、引っ越したんですよ！」

この会話はまさに「ほめスタ」&「ほめ返し」ですよね。

会話がスムーズにつづいていますし、話し手もほめられて、引っ越しにまつわるいろいろな話をしてくれています。

もしも、これが単に「こんにちは、○○さん」だけだったら、どうでしょうか。相

シンプルしかけ⑨：ほめ返し

こんにちは○○さん！ 新しいビルに引っ越されたんですね！
いやあ、○○さん、こんにちは！ そうなんですよ。
○○さんずいぶん見晴らしのよいオフィスですね！ 晴れたら気持ちよいのではないですか？
いやあー、ありがとうございます！ 社員にも好評なんですよ（喜ぶ）。社員がほこれるものを1つはつくりたいものですから。採用のときもアピールできるようにって、引っ越したんですよ！
聴き手
話し手

手の心がほぐれるまで時間がかかって、なかなか話はすすまないかもしれません。

しかし、例であげた聴き手の場合は「ほめスタ」の「新しいビルに引っ越されたんですね！」、と「ほめ返し」の「見晴らしのよいオフィスですね！」と、ほめるところを2つみつけて会話しています。

ですから、**会話の最初、もしくは最初のあいさつが終わった段階で、「ほめる言葉からスタート」し、さらに「途中でもほめて」みてはいかがでしょうか。**

または、しばらく会話があったあとで沈黙した場合、「あいの手」や「あいづち」でもないし、ましてや「忍法おうむ返し」も無理となったら、相手の話のなかから「ほめるネタ」をみつけておいて「そういえば、○○はすばらしいですねえ」と「ほめ返し」でつづけられるんです。

「ほめる」ことは、もっとも効果のある「リターン・リスニング」だと思いますよ。

ぜひ、日頃から相手の「ほめる」ポイントをみつけておいて、【シンプルしかけ9】「ほめ返し」をタイミングよく使ってください。

◆ シンプルしかけ「聴く力」使用者の声 ◆

部下からの相談件数にはっきりと差がついた

社内では「あいソナ」「忍法おうむ返し」を使っていますが、浸透していく中でその効果に驚かされています。

「あいソナ」で挙げられている『そうなんだ』『なるほど』『たしかに』のようなあいづちを社員との会話で使うようになってから、社員との会話時間が長くなったと感じています。会話の中にあいづちを入れることで、社員は『自分の話に興味を持ってくれている』『自分の話が受け入れられている』と感じているようです。

また、「忍法おうむ返し」を取り入れた管理職とそうでない管理職とでは、大きな違いが出るようになりました。部下からの相談件数にはっきりと差がついたのです。部下の言葉をそっくり復唱することで、部下が『自分のことを分かってもらえている』と安心感を持って上司に相談できるようです。

これらのノウハウは、使おうと思えばすぐに使える内容ですから、知り合いの社長にも社内での導入をお勧めしています。

株式会社建庄　代表取締役　大里 倫弘　様

第6章

Positive Listening

クエスチョン・リスニング

クエスチョン・リスニングの「3もん」

3つの「ポジティブ・リスニング」で聴けなかったことをさらに話してほしいとき

ここまで、いかがでしたでしょうか。

「ハート・リスニング」で「心」で聴いて、「ボディ・リスニング」で「体」で聴いて、「リターン・リスニング」で「相手の気持ちをのせて」聴くことができれば、相手はたくさん話してくれるようになります。

この「3つのリスニング」を使えば、話すことがたくさんある方であれば1時間は話してくれると思います。

しかし、もっと話を聴いてあげたほうがいいなぁ～という場合もありますよね。

そんなときにおススメしたいのが、これからご紹介する「クエスチョン・リスニング」になります。

よい質問とは、どんな質問なのか

まず「クエスチョン・リスニング」について、私どもの定義からご紹介しておきます。

【クエスチョン・リスニング】……効果的な**質問によって**話し手に**たくさん話してもらう**聴き方

それではまた、ごいっしょに考えましょう。

●【テーマ】…クエスチョン・リスニング

●【質問9】…「よい質問」はどのような質問だと思いますか？

さて、みなさんはどう思われるでしょうか。

「よい質問は、相手が答えやすい質問じゃないとだめだよね」

たしかに、「答えにくい質問」では、相手が困りますね。

では、「答えやすい質問」をするためには、なにか気をつけるポイントはないでしょうか。

クエスチョン・リスニングとは

クエスチョン・リスニング

効果的な**質問によって**話し手に**たくさん話してもらう聴き方**

「相手が知らない言葉を使わないことかな」

そうですよね。

「知らない言葉」を使ったら相手は答えられません。「むずかしい専門用語」を使わないということも大切です。

なるべく「相手が知っている言葉」を使って、もちろん「相手が知っているテーマ」にするというのは、質問するときの大前提ですね。

ほかにはないでしょうか。

「う〜ん、なにかあるかなぁ〜」

たとえば、「長い質問」はどうでしょうか。

「それは、なにを質問しているのか、わからなくなるね」

そうなんですよ。

「長い質問」では、なにを聴きたいのかがわからなくなります。「短く、簡潔に質問する」と、相手にも伝わるし、答えやすいです。

それから、みなさんのまわりには、「自分で質問をして自分で答える人」はいませんか？

「たまにいるよね〜、そういう人」

ほんとうにこれは「最悪の質問」なんです。

当然ですが、「自分で質問したら自分で答えない」、これも大切です。

だんだん、「よい質問」とはどんな質問かがみえてきたでしょうか。

◆相手のテンポに合わせて、短く質問する

「クエスチョン・リスニング」には「3もん」というものがあります。

記憶力のいい方でしたら、第2章の「ポジティブ・リスニング」で少しだけ出ていたので覚えていらっしゃると思います。

じつは、先ほど考えていただいた「よい質問」が、「クエスチョン・リスニング」のポイントの「3もん」に含まれるんです。

【「クエスチョン・リスニング」の「3もん」】

①短く質問する

「クエスチョン・リスニング」の3もん

❶ 短く質問する

❷ 相手のテンポに合わせて質問する

❸ 質問したら答えない

②相手のテンポに合わせて質問する
③質問したら答えない

それぞれのフレーズに「問」が入っているので「3もん」としました。

先ほど出た「短く質問する」、「質問したら答えない」のほかにもう1つ、「相手のテンポに合わせて質問する」が加わって「3もん」です。

この「3もん」を、さらに覚えやすくするために、それぞれをもっと短くして私どもは使っています。

①短く質問する　↓　「みじもん」
②相手のテンポに合わせて質問する　↓　「テンもん」
③質問したら答えない　↓　「答えないも〜ん」

お気にめしたら使ってみてください。

では、「クエスチョン・リスニング」の3つのポイント、「3もん」を1つずつ、ごいっしょにみていきましょう。

◆短く質問することで、相手も的確に話してくれる

まずは「短く質問する」です。

ここでみなさんに質問です。

●【テーマ】…短い質問
●【質問10】…相手が答えやすい短い質問は何文字以内だと思いますか？

この質問はいかがでしょうか。

「う〜ん、15文字くらいかなあ……」

そのくらいだと思いますよね。
ところが、**じつは相手が答えやすい質問は「10文字以内」といわれているんです。**

「え？　そんなに短いんだ」

そうなんですよ。
では、これをふまえて207ページの図をご覧ください。
今回は上司と部下の会話です。まずは図の上側からです。

▶「クエスチョン・リスニング」の3もん①：短く質問する◀

『今月はどうも売上がぱっとしないなあ！』

『はい、たしかにぱっとしないですね！　課長、売上があがらないとたいへんですよね！　原因はなにかあると思うのですが、私にはなかなかわかりませんが、なんなんですかね？　なにをすれば以前みたいに売上があがるのでしょうか？』

『！？… オマエ、なにが聴きたいの？』

話し手
聴き手

長い質問なので話し手にわかりにくく話もはずまない

『今月はどうも売上がぱっとしないなあ！』

『はい、たしかにぱっとしないですね！

課長、なぜでしょうか？』

『そうだな、おそらく行動量が先月より少ないんじゃないかなあ、あと営業マンのやる気もなくなってきた感じがするなあ』

話し手
聴き手

短い質問によって話し手にたくさん話してもらっている

上　司「今月はどうも売上がパッとしないなあ」

部　下「はい、たしかにパッとしないですね。課長、売上が伸びないとたいへんですよね。原因はなにかあると思うのですが、私にはなかなかわかりませんが、なんなんですかね？　なにをすれば以前みたいに売上がよくなるのでしょうかね？」

上　司「……？　オマエ、なにが聴きたいの？」

厳しい上司の方であれば、こんなふうに「冷たい一言」が返ってくるかもしれませんね。

では、「クエスチョン・リスニング」が上手な方の会話です。下側をご覧ください。

上　司「今月はどうも売上がパッとしないなあ！」

部　下「はい、たしかにパッとしないですね。課長、**なぜでしょうか？**」

上　司「そうだなあ、おそらく行動量が先月より少ないんじゃないかなぁ、あと、

「営業マンのやる気もなくなってきた感じがするなぁ」

こんな感じです。

部下のほうは「パッとしないですね」といって、上司の言葉をまずは「リターン・リスニング」しています。【シンプルしかけ8】［忍法おうむ返し］ですね。

それからすぐに「なぜなんでしょうか？」と、「クエスチョン・リスニング」しています。お気づきになられたのでは？

「なぜなんでしょうか？」は、9文字なので10文字以内に収まっています。

その後、上司は話をスムーズにつづけています。

短く質問することで、相手はなにを話せばいいのかを的確に理解して、話をしてくれるんですね。

◆相手のテンポに合わせて質問する

「クエスチョン・リスニング」の「3もん」の2番目は「相手のテンポに合わせて質問する」です。

こちらも、213ページの図に上司と部下の会話を例としてあげましたのでご覧ください。

先ほどの「短く質問する」の会話のつづきになっています。「売上の減少」について、話し合っているところでしたね。その理由を上司のほうは「行動量とやる気」だと言っていました。

まずは上側からです。

部　下「う～ん……行動量とやる気ですかぁ……課長はそう思われますかぁ……私はそう思わないんですけどねえ……（間をあけてゆっくり話している）」
上　司「（なんかイラつくなぁ……）そうか？　その2つしかないだろ！」
部　下「攻めているエリアが問題のような気もするし……商品にも問題がある気もするし……（また、間をあけてゆっくり話している）」
上　司「エリア？　オマエ、なに考えてるんだ？」

上司のほうは「ポンポンと話をつづけています」が、部下のほうは「ゆっくりと話して」いて、テンポがまったく合いません。これでは上司のほうはイライラしてしまいます。

では、つぎに下側の会話です。

部　下「行動量とやる気ですか？」
上　司「そうだな、その2つだな！」
部　下「課長はどうされたいんですか？」
上　司「まず、やっぱり営業マンのやる気から手をつけていきたいんだ」
部　下「具体的には？」
上　司「一人ひとり、じっくり話をしたいと思っているよ」

こちらはテンポよく会話がすすんでいます。**「上司のテンポに部下のほうが合わせています」**よね。

「質問も短く」して相手のテンポをくずさないようにしています。話し手も気持ちよく話をすることができるはずですよ。

▶「クエスチョン・リスニング」の3もん②：相手のテンポに合わせて質問する◀

「行動量とやる気ですか？　課長はそう思われますかあ……私はそうは思わないんですけど……」

「そうか？　その2つしかないだろう」

「攻めてるエリアが問題のような気もするし……商品にも問題ある気もするし」

「エリア？　オマエなに考えてるんだ？」

話し手
聴き手

相手のテンポに合わない質問なので話し手はいらつく

「行動量とやる気ですか？」

「そうだな、その2つだな！」

「課長は、どうされたいんですか？」

「まずは、営業マンのやる気アップから手をつけていきたい」

「具体的には？」

「一人ひとりじっくり話をしたいと思っている」

話し手
聴き手

相手のテンポに合う質問なのでたくさん話してもらっている

◆質問したら答えない

つぎは「クエスチョン・リスニング」の「3もん」の3番目、「質問したら答えない」です。

今回も先ほどの上司と部下の会話をつづけます。215ページの図をご覧ください。では、上側の会話からみていきましょう。

部　下「じっくり話をしたあと、どうするんですか？……まさか、そこでひとりずつ叱責して気合いを入れるんですか？……それだと、いやだなあ……」

上　司「オマエ、自分で聴いて自分で答えるなよな！」

部下のほうは相手のテンポに合わせることなく、マイペースで話しています。「質

▶「クエスチョン・リスニング」の3もん③：質問したら答えない◀

『じっくり話をした後はどうされるんですか？ まさか、そこでひとりずつ叱責し気合いをいれるんですか？ それだと、いやだなあ・・・』
『オマエ、自分で聴いて自分で答えるなよ！』
話し手
聴き手

質問した後に自分で答えているので相手は話せない

『じっくり話をした後はどうされるんですか？』

『部門共通の課題をみつけて、それを最優先で解決したい』

『その後はどうされるんですか？』

『その後は、一人ひとり個人の課題をじっくり解決し、やる気になるよう手をうっていきたい』

話し手
聴き手

質問した後に聴いているので相手は話しやすい

問も長くてわかりにくい」ですね。**おまけに質問したあとで、思わず自分で答えてしまっています。**これには上司のほうも、つい語気を強めてしまいました。

では、下側はどうでしょうか。

部　下「じっくり話をしたあと、どうされるんですか？」

上　司「部門共通の課題をみつけて、それを最優先に解決したいと思ってるんだ」

部　下「ああ、そうですか、その後はどうされるんですか？」

上　司「その後は、一人ひとり個人の課題をじっくり解決して、やる気になるように手をうっていきたいんだよねえ」

部下のほうは当たり前ですが、質問したら自分で答えていません。テンポも合わせて、質問も短くして、スムーズに会話がすすんでいます。

ここまで「クエスチョン・リスニング」の「3もん」を1つずつみてきましたが、いかがでしたでしょうか。ポイントはご理解いただけたと思います。

「でも、どうしたら『3もん』ってできるようになるの？」

そうですよね、ポイントがわかっても、なかなか実行できないこともあると思います。

では、どうすればできるようになるのか、つぎはそれをみていきましょう。

質問を「ログセ」にする

◆いろいろな力がないと「短く質問」できない？

ここで、最初にみなさんに質問です。

●【テーマ】…「クエスチョン・リスニング」の「3もん」

●【質問11】…どうすれば「3もん」がうまくできると思いますか？

いかがでしょうか。

なにか、思いつきませんか？

「むずかしいよね。『短く質問』したり、『相手のテンポに合わせて質問』したり、『質問したら答えない』、それが大切なことはわかっても、どうしたらいいかは見当つかないなぁ〜」

ちょっとむずかしい質問でしたね。

では、まずは「短く質問する」から考えていきましょう。

「短く質問する」ためには、なにが必要になるでしょうか？

「質問するまでには、相手の話を聴いているわけだから、その相手の話をちゃんと理解しなければ、よけいな話をしたりして、質問を短くはできないよね」

おっしゃるとおりです。

ですから、相手の話を「理解する力」や「知識」も必要になります。**自分がもっている「知識」を使って、相手の話を「理解」して、それから質問するのですから、「考える力」も必要です。**

そうすると、本書でごいっしょに勉強している「ポジティブ・リスニング」だけでは限界があります。「ロジカル・シンキング力」も必要になるんですね。

ですから、まだまだ「考える力」が足りないなと思われる方は、このシリーズのイノベーションクラブＢｏｏｋ①『考える力』をお読みいただいて、ロジカル・シンキング力をつけてください。

「知識」については、やはり「勉強が必要」です。

本を読んだり、先輩に聴いたりしてみてください。経験を重ねることでえられる「知識」もありますから、日々の努力が大切ですね。

「私はまだまだ『知識』や『考える力』が足りないから、短く質問するなんてしばらくは無理だなぁ〜」

ちょっと、お待ちください。

じつは、「クエスチョン・リスニング」の「3もん」のなかで、もっともむずかしいのが、この「短く質問する」なんです。

「質問したら答えない」は、気をつけてさえいればおそらくできると思います。これは第3章の「ハート・リスニング」の「3ない」でご紹介した「相手の話をうばわない」に似ていますよね。

相手に質問したのですから、答えるのは相手です。それを自分が答えてしまったら、まさに相手の話をうばったことになります。ですから、「ハート・リスニング」を実行できれば、「質問したら答えない」はできるようになります。

「相手のテンポに合わせる」ことも多少の努力は必要ですが、少しずつやっていけばできるようになります。これは第4章の「ボディ・リスニング」の応用としてご紹介した「ページング」に当てはまるんですね。

それにくらべて、**「短く質問する」ためには「ロジカル・シンキング」や「知識」や「経験」など、いろいろな要素が必要なんですよ。**

◆いますぐ「短く質問」するためには「口ぐせ」にするのがベスト

ところで、いますぐ「短く質問する」こともできるんです。

そのためにはどうしたらいいと思いますか？

「なにかキーワードを用意しておくとか？」

すばらしいっ、そのとおりです。

では、「キーワード」は、日本語でいうとなにになりますか？　ちょっと別の表現にすると、どういえるでしょうか。これがあると「短く質問する」ことが、やりやすくなるんですね。

「なんだろう……ちょっと思い浮かばないなぁ～」

では、ちょっと質問を変えましょう。

質問が「○○○」になってくると、その結果、「短く質問」することができます。

この「○○○」にはなにが入るでしょうか。

「う～ん、まだわからないなぁ～」

では、ヒントです。

「○○○」は、漢字1文字と、ひらがな2文字です。

「あっ、そうか、わかった、『口ぐせ』だ！」

そのとおりです。

質問が「口ぐせ」になると、その結果、「短く質問」することができるようになるんですね。

では、「短く質問する」ための「口ぐせ」をご紹介していきましょう。

シンプルしかけ 10

なぜそう思うの？

方法 相手との会話のなかで「なぜそう思うの？」と質問してあげる

効果 「なぜ～？」と相手が考えるので、考えを掘り下げることができる

ここからは、「短く質問する」ための【シンプルしかけ】として、「口ぐせ」を全部で4つ、ご紹介していきます。かんたんなものばかりですから、ぜひ覚えていただいて、みなさんの「口ぐせ」にしてください。

1つめは【シンプルしかけ10】「なぜそう思うの？」です。話し手がある程度、話をしたあとに聴いてあげる「口ぐせ」です。

たとえば、つぎのように使います。

佐藤「最近、落ち込んでるんですよ」
田中**「なぜそう思うの？」**
佐藤「仕事でミスしてしまって……」

「なぜそう思うの？」は8文字ですから、ちゃんと「10文字以内」になっています。「相手が答えやすい質問は10文字以内」とお話ししましたね。覚えていますか？

この【シンプルしかけ10】「なぜそう思うの？」は、**短い質問ですが、相手が「なぜ〜？」と考えるので、相手の問題を解決する大きな手助けにもなる「とてもいい質問」なのです。**

シンプルしかけ⑩：なぜそう思うの？

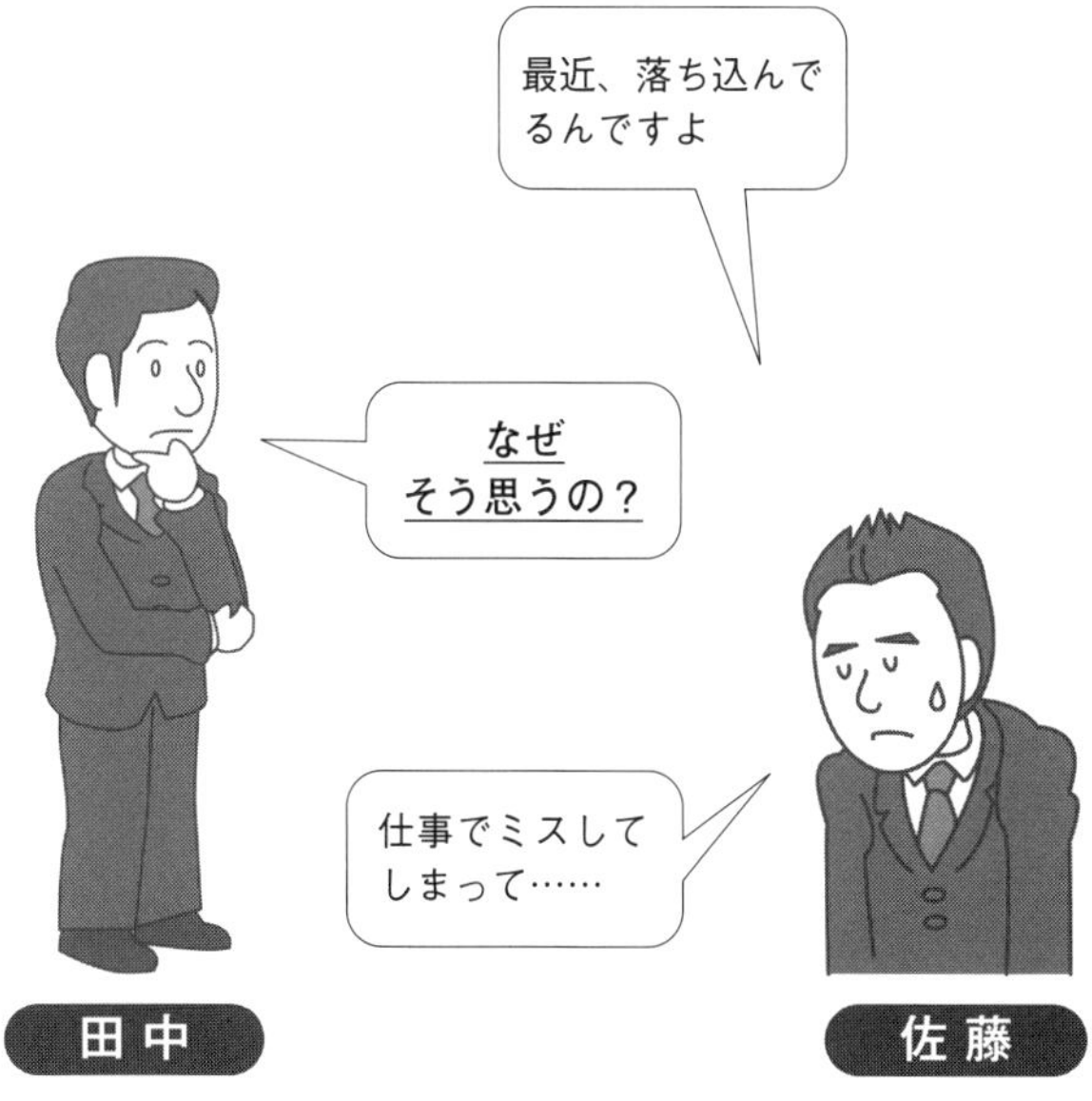
最近、落ち込んでるんですよ
なぜそう思うの？
仕事でミスしてしまって……
田中
佐藤

シンプルしかけ 11

具体的には?

方法 相手との会話のなかで「具体的には?」と質問してあげる

効果 問題について「より具体的に」考えることで、話し手を助ける

つぎの「口ぐせ」は【シンプルしかけ11】「具体的には?」です。「具体的には?」――これも7文字で10文字以内になっています。

佐藤「営業力がつかないので、どうすればいいのか、いろいろ考えています」

田中「**具体的には?**」

佐藤「まず、先輩に営業のコツを聴いたり、知識不足は勉強でカバーしようと思っています」

シンプルしかけ⑪：具体的には？

具体的には？
営業力がつかないので、どうすればいいのか、いろいろ考えています
まず、先輩に営業のコツを聴いたり、知識不足は勉強でカバーしようと思っています
田中
佐藤

こんな感じで使います。

【シンプルしかけ11】「具体的には?」を使うことで、「話し手」がその問題についてより具体的に考えることができるようになります。

具体的に考えられるので、「話し手」の問題は解決の方向へ動いていってくれるのです。

シンプルしかけ 12

ほかには?

方法 相手との会話のなかで「ほかには?」と質問してあげる

効果 会話がはずむようになり、別のよいアイデアも浮かんでくる

つぎの「口ぐせ」は【シンプルしかけ12】「ほかには?」です。これもたった4文字ですね。

佐藤「とても楽しみなことがあるんですよ」

田中「へえー、なんなのそれ?」

佐藤「やりたい仕事をやらせてもらえそうなんですよ」

田中「それはよかったね。**ほかには?**」

佐藤「アシスタントさんも、つけてくれそうなんですよね」

「楽しみなこと」をひとつ聴いたあとに、「ほかには？」とつづけて聴くことで、別の「楽しみなこと」を話してもらえますよね。

こうすると、どんどん「話し手」がのってくるので、会話もよりはずむようになりますし、別のよいアイデアが浮かぶこともありますよね。

▶ シンプルしかけ⑫：ほかには？ ◀

とても楽しみなことがあるんですよ
へえー、なんなのそれ？
やりたい仕事をやらせてもらえそうなんですよ
それはよかったね。ほかには？
アシスタントさんも、つけてくれそうなんですよね
田中
佐藤

シンプルしかけ 13

どうしたいの？

方法 相手との会話のなかで「どうしたいの？」と質問してあげる

効果 「どうしたいか？」を考えることで、問題解決にもつながる

そして、最後は【シンプルしかけ13】「どうしたいの？」です。これも6文字なので、10文字以内ですね。

佐藤「なかなか成長できなくて困ってるんですよ」

田中「そう、困ってるんだ」

佐藤「本を読んだり、セミナーに出たり、いろいろ努力はしているんですけどね」

田中「それで、**どうしたいの？**」

シンプルしかけ⑬：どうしたいの？

なかなか成長できなくて困ってるんですよ
そう、困ってるんだ
本を読んだり、セミナーに出たり、いろいろ努力はしているんですけどね
それで、どうしたいの？
もっと先輩のサポートができるようになって、頼られる存在になりたいんですけどね
田中
佐藤

佐　藤「もっと先輩のサポートができるようになって、頼られる存在になりたいんですけどね」

いかがでしょうか。

こんなふうに使うことができます。

【シンプルしかけ10】「なぜそう思うの？」、【シンプルしかけ11】「具体的には？」、【シンプルしかけ12】「ほかには？」、【シンプルしかけ13】「どうしたいの？」の4つは、もう完全に「口ぐせ」にしていただいて、状況に応じて臨機応変に使っていってください。

効果は、ほんとうに抜群ですから。

では、ここまでの4つの【シンプルしかけ10・11・12・13】の「口ぐせ」を使った、後輩と先輩との会話をみてみましょう。

先輩の田中さんはかなりの「聴き上手」ですから、これまでご紹介した【シンプルしかけ】をいろいろ使いこなしていますよ。

【シンプルしかけ】を使った会話術

◆「口ぐせ」の会話例 ①

さっそく、「会話の例」をみていきます。

佐藤「実は、最近、仕事にやる気がはいらないんです……」
田中**「なぜそう思うの？」**
佐藤「うーん、たぶん課長とうまくいってないからかなぁ～」

ここでは、【シンプルしかけ10】「なぜそう思うの？」を使っていますね。

会話はまだつづいています。

つぎは【シンプルしかけ11】［具体的には？］を使っていますよ。

田　中「**そうか。課長とうまくいってないんだ、具体的には？**」

佐　藤「いや、うちの課長はすぐ怒るんですよ。でも同じことをしでかしても起こられるときと怒られないことがあったりして、もう感情一本なんです」

田　中「**そうか。感情一本で怒るんだ。それはたいへんだね……**」

田中さんの最初のセリフ「そうか。課長とうまくいってないんだ」は、まさしく「リターン・リスニング」の【シンプルしかけ8】［忍法おうむ返し］ですね。

そして、「具体的には？」と聴かれた佐藤さんは、具体的な悩みを話しはじめました。

最後の田中さんのセリフ「そうか。感情一本で怒るんだ」は、「あいの手」と「忍法おうむ返し」のダブル使いです。

おそらく田中さんくらいの「聴き上手」であれば、最後のセリフ「それはたいへんだね……」は、感情を相手に合わせる「チューニング」を使って、落ち込む佐藤さんの感情に合わせてゆっくりと話していると思いますよ。

◆「口ぐせ」の会話例 ②

つぎの「口ぐせ」は【シンプルしかけ12】「ほかには？」です。

会話はつづいています。佐藤さんは課長のことで困っていたんでしたよね。

田　中　**「ほかには？」**

佐　藤「あと、ほかにはえこひいきが激しいんですよね。私はあまり気に入られてないので貧乏くじをひくことが多いんです。
このまえもやりたい仕事があったんですけど、結局、別の人に課長がその仕事をやらせて、私は仕事をもらえなかったんですよ。
なので、当然ながら人事評価のときもあんまりいい点数ももらえないんです。そういう、えこひいきや貧乏くじが多いんですよ」

田　中「**貧乏くじか**、それはほんとうにたいへんだね」

「具体的には？」で、佐藤さんは具体的な悩みを話してくれましたが、様子をみると、まだそれがすべての困っている原因ではないようです。

そこで、田中さんは「ほかには？」と質問することで、さらに佐藤さんの悩みを聴き出すことができました。

ちなみに、田中さんはこの会話のなかでも「貧乏くじか……」と「忍法おうむ返し」

を使っています。佐藤さんは、聴いてもらえていると安心して、話がしやすい状況になっていますよね。

「口ぐせ」の会話例 ③

いよいよ4つめです。

最後の「口ぐせ」は【シンプルしかけ13】「どうしたいの？」です。

2人の会話はまだつづいています。

田中「で、佐藤さんは**どうしたいの？**」

佐藤「はい、正直どうしていいかわかりません……。ただ、私の考え方しだいだとは思うんですよね……」

田中「そうだね、佐藤さんの考え方しだいかもね」

佐藤「ダメな上司につくということも、別の観点で考えるといい経験になりますし、自分が課長になったときの反面教師として情報を集めていると考えたら、もしかしたら最高かもしれませんし、……しばらくがんばってみます」

佐藤さんは、田中さんの「どうしたいの?」に対して、「正直どうしていいかわかりません……」とちょっとの間、「沈黙」してしまいました。

田中さんは、相手が「沈黙」したからといって、話をしようとはしません。相手に合わせて、自分も「沈黙」しています。

「ハート・リスニング」で、相手の話を最後まで聴こうとしています。

そして、佐藤さんが「私の考え方しだいですね」と言った後で「そうだね、佐藤さんの考え方しだいかもね」と「あいづち」と「忍法おうむ返し」を使っています。

会話はスムーズにすすんで、佐藤さんは自分で答えをみつけることができました。

いかがでしょうか。

4つの【シンプルしかけ】を使うだけで質問がたくさんでき、気がついたら「聴き上手」になっていますよね。

ぜひみなさんも「リターン・リスニング」の4つの【シンプルしかけ】を活用してみてください。

おわりに

「聴く力」をつけたい！

さらにみがきをかけたい！

と思っているビジネスパーソンの方々、本書からのプレゼントはいかがでしたか？

いやあ〜これなら「聴く力」がつきそうだ、そんなふうに思ってくださいました？

だとしたら、すごくうれしいです。

えっ？　やってみたくなった、とおっしゃってくださる!?　それは、とてもありがたいことです！

ぜひ、気に入った【シンプルしかけ】があったら、実際に使ってみてください。
そして、「小さな成功」をつかんでください。

この【シンプルしかけ】は何回も何回もやることでさらに洗練されていくスキルなので、何回も何回もやって、小さな成功をどんどん重ねていっていただければいいんじゃないでしょうか。

最初にもお話したように、この【シンプルしかけ】とは、

【「シンプルしかけ」の特長】

1「かんたん実行」……かんたんに実行できる
2「らくらく継続」……らく～に継続できる
3「みるみる成長」……気がついたらみるみる成長できる

といった、とんでもない「3つの条件」をすべてクリアしたシンプルなしかけで、実際に22万人以上の受講生が延べ4年にわたって「最高だ！」と言ってくださったものだけを、厳選してご紹介しているものなのです。

ですので、1つの【シンプルしかけ】をマスターしたら、つぎの【シンプルしかけ】にチャレンジ！

そしてまた小さな成功を「貯めて」いく。**小さな成功をどんどん貯金したら、気がついたらみるみる成長！** というような展開をしていただければなぁと期待しております。

基本的な力をつけるためには、「はじめに」でもいいましたように、「なるほどなぁという理論」はきわめて重要です。

その意味でも「なるほど良書」は積極的に読んでみてください。
ただ、「なるほど理論」だけではなかなか力がつきませんので、今回は力をつけてもらうために、

「かんたん実行」
「らくらく継続」
「みるみる成長」

の【シンプルしかけ】をみなさま方にご紹介させていただきました。

また、【シンプルしかけ】を生み出した当社が主催する「イノベーションクラブ(http://www.ti.tohmatsu.co.jp/club/)」は、３０００社が採用、年間22万人以上のビジネスパーソンに対して、「スキルアップ研修」を提供している実績があります。

本書「イノベーションクラブＢｏｏｋ」シリーズの第4弾、『聴く力』は、イノベーションクラブでも、常に満員の人気を誇る「5つのコアスキル研修」である

【1】「考える力（ロジカル・シンキング）研修」
【2】「話す力（アクティブ・トーキング）研修」
【3】「書く力（ビジネス・ライティング）研修」
【4】「聴く力（ポジティブ・リスニング）研修」
【5】「時間力（タイム・マネジメント）研修」

の、【4】「聴く力（ポジティブ・リスニング）研修」を、そのまま書籍化したものです。

そのほかの、

●イノベーションクラブＢｏｏｋ【１】『考える力』
●イノベーションクラブＢｏｏｋ【２】『話す力』
●イノベーションクラブＢｏｏｋ【３】『書く力』
●イノベーションクラブＢｏｏｋ【５】『時間力』

の「イノベーションクラブＢｏｏｋ」シリーズについても、本が５冊同時に発行されております。

全部お読みいただくことで、デキる人が必ずもっている「５つの基礎力」をかんたんに身につけることができます。

ぜひ、この【シンプルしかけ】で小さな成功をつかんで、やがては大きな成功につなげていただければなぁと、みなさま方が「聴く力」をつけられることを心からねがっております。

最後になりましたが、本書の出版に際しましては、ご助力をいただきましたクロスの藤吉豊氏、株式会社ダイヤモンド社の編集担当である飯沼一洋氏には、数々のご協力をいただきました。記して感謝いたします。

それでは、また次回お目にかかれることを、楽しみにしております！

２００９年10月

イノベーションクラブ主宰者
トーマツ イノベーション株式会社　代表取締役社長
白潟敏朗《しらがたとしろう》

[著者]

イノベーションクラブ

白潟敏朗をはじめとする一流のコンサルタントが講師を担当しており、2009年9月現在、約3,000社の企業さまにご利用いただいている、業界初の「定額制社員研修サービス」です。

[編著者]

白潟敏朗（しらがた　としろう）

イノベーションクラブ主宰者
トーマツ イノベーション株式会社　代表取締役社長

1964年生まれ。埼玉大学経済学部経営学科卒業。監査法人トーマツグループにて製造・建設・サービス・流通・IT業の、大手・中堅・中小企業約500社に対するコンサルティング実績を有する。攻め（売上の増加）と守り（コストダウン）と活性化、経営管理の4つがコンサルティング分野。人事、活性化、新規事業立上げ、マーケティング、営業、ＩＳＯ、株式公開支援など、さまざまな分野でのコンサルティング実績あり。「必ず結果を出して、お客さまに興奮と感動を与える」がモットー。

12万部突破の『仕事の「５力」』、11万部突破の『上司のすごいしかけ』をはじめ、『売上アップのすごいしかけ』『デキる上司』『上司はひと言』『伸びるしかけ』（以上、中経出版）、『やる気を引き出すシンプルなしかけ』（日本実業出版社）、『デキるトップのすぐ効く！しかけ』（大和書房）、『たった一つのシンプルな仕掛けで、会社が変わる』（ダイヤモンド社）ほか、著書多数。

[執筆者陣]

マネジャー	小西　康一	加賀　隼人	喜内　瑠奈
	小暮　勝也		
コンサルタント	田村　賢一	深谷　弘明	吉田　耕太
	高田　信弘	池谷　裕一	久永　祥子
	間　　大之	滝澤十詩子	大月　隆廣
	加藤　隆秀	中井　悠介	

【イノベーションクラブ】とは

業界初の「定額制社員研修サービス」です。
白潟敏朗をはじめとする一流のコンサルタントが講師を担当しており、2009年9月現在、約3,000社の企業さまにご利用いただいております。

■【特長1】「1社月額数万円～の固定額で、何名でも何回でも受講できるシステム」

固定額で何名でも何回でも受講できる画期的なシステム。質を落とさずに研修費用の大幅な削減ができます。※企業規模により価格が異なります。

■【特長2】「年間1,700回以上開催の研修」

企業に必要な70テーマの研修を年間1,700回以上開催しています。

■【特長3】「他社との交流」

他社との交流が、貴社の社員に客観的な視点を生み出します。自分を見つめ直し、自ら成長しようという意欲の源泉となります。

トーマツ イノベーション株式会社

日本の代表的な監査法人である有限責任監査法人トーマツを母体とし、攻め、守り、活性化、経営管理の4つの分野にて、中堅・中小企業向けに経営コンサルティングサービスを提供している。「社長の悩み解決」と「シンプル・イズ・ベスト」の発想で、お客さま志向のコンサルティングを実施している。

〈お問い合わせ先〉
イノベーションクラブ主宰者
トーマツ イノベーション株式会社　代表取締役社長
白潟　敏朗

【東京本社】
〒100-0006 東京都千代田区有楽町1-7-1有楽町電気ビル 北館18F
TEL 03-5222-5111　FAX 03-5222-5114
http://www.tohmatsu.com/jp/ti/

聴く力

2009年10月16日　第1刷発行

著　者——————イノベーションクラブ
発行所——————ダイヤモンド社
〒150-8409　東京都渋谷区神宮前6-12-17
http://www.diamond.co.jp/
電話／03·5778·7236（編集）03·5778·7240（販売）
装丁——————重原 隆
本文イラスト——————マッドハウス
本文デザイン・DTP——マッドハウス
製作進行——————ダイヤモンド・グラフィック社
印刷——————堀内印刷所（本文）・慶昌堂印刷（カバー）
製本——————宮本製本所
編集担当——————飯沼一洋

ISBN 978-4-478-00944-4